寺子屋で学んだ朝鮮通信使

――『大船用文三韓蔵《たいせんようぶんさんかんぐら》』――

はじめに

もうだいぶ以前のことになるが、『大船用文三韓蔵』（安永八年・一七七九年出版）なる古書が骨董市に出ていた。朝鮮通信使（※1）についての記述があるというので早速購入した。頁を繰って見ると確かにそこには朝鮮通信使の船、日朝交流史、朝鮮半島の名所・名物などが何箇所かに分かれて出ていたのである。いずれも大変興味深い内容のものであるが、なかでも特筆すべきは朝鮮通信使をめぐる手紙の模範文が示されていたことである。しかもそれは単に一例にとどまらず、三例も採りあげられていたのである。

しかしこの本は朝鮮通信使の説明のためにのみ作成されたものではない。何故なら朝鮮通信使とは直接関係のない手紙の文例などがその多くを占めているからである。全五十五頁中朝鮮通信使に関する頁は十頁に過ぎない。いったい本書はどのような目的で発行されたのであろうか。それを知るために、まずこの古書の題名の語句を検討して見ることとしよう。

まず「大船」であるが朝鮮通信使が乗って来た船を意味するのであろう。本書の冒頭（P44参照）に朝鮮通信使船の大船（正使船）が大きく描かれていることからそう推定できる。通信使船は通常六隻の船で構成されており、正使船の全長は約三十㍍くらいある大船であった。

次に「三韓」とは、新羅・百済・高句麗三国のことであろうが、そこから朝鮮全体を意味していると解釈できる。「蔵」という文字があるのは朝鮮についての様々なことを保管してありますよ、即ち書いてありますよという意味であろう。

更に「用文」であるがこれは「用文集」のことであろう。用文集とは広辞苑によれば「往来物の一種。日常用いる書状・証文・届書などの文例を示したもの」とある。確かにこの本の多くは、朝鮮通信使とは関係のない各種の手紙の例文や、干支とは何かなど、寺子屋で子供たちが学習したであろう内容になっている。即ち本書は、寺子屋の教科書として使われた「往来物」(※2)の範疇に入る書籍といってよいであろう。

しかし更に調査を進めた結果、宝暦十三年(一七六三)に本書の原書版が発行されていたことが分かった。同書に拠ると朝鮮関係の記述は六十七頁中二十四頁を占めており、三分の一程度が朝鮮関係で、その中の殆どが朝鮮通信使関係の記述である。安永本より朝鮮通信使の比重がずっと大きいのである。ということは、本書は本来は寺子屋の手習い書として発行されたのであるが、筆者の意図は明らかに朝鮮通信使を学ばせようとして作成したと言ってもよいであろう。即ち子供たちはこの教科書を使って寺子屋で一般的な手紙の書き方等を学んだが、朝鮮通信使をも学び、それをめぐる手紙の書き方まで習ったことになる。朝鮮通信使は江戸時代の初等教育で早くも取り上げられ、そのための特別な教科書まで作られていたのである。それは私自身想像することさえできないことであったので、大いに興味をそそられた。そこで以下詳しくその内容を検討してみたい。

というのも最近、明治時代から現代までの小学校用歴史教科書と朝鮮通信使の記述について検討する機会があった。多くの歴史に関心を持つ方々も、昭和二十年（一九四五）以前の国定教科書（明治三十七年・一九〇四年の『小學日本歴史』に始まる）に、朝鮮通信使が記述されている（※3）ことはないと思われていた方が非常に多かったのであるが、実は発行されたすべての教科書に朝鮮通信使は、行列の挿絵入り（昭和十八年版のみない）で採りあげられているのである。

常識的には戦前の教科書に採りあげられている、とも考えにくく、ましてや江戸時代の初等教育にあたる寺子屋で、朝鮮通信使が学ばれていたなどということは到底考えられない。当時の子供たちはいったいどんなことを学んでいたのであろうか。それを踏まえて、当時の人々は朝鮮通信使及び日朝間の歴史などをどのように見ていたのだろうか。両者を併せて検討してみることとしたい。

※1　朝鮮から日本に派遣された使節。朝鮮王朝が、日本と対等な外交関係にあることをあらわす用語として使ったのが「通信使」である。通信とは「信《よしみ》」を「通《かよ》わす」という意味である。室

町時代から使われ始めていたが、ここでは江戸時代の通信使をさす。江戸幕府は通信使という言葉を使わず、韓使、朝鮮信使、朝鮮使、朝鮮聘使などと呼んだ。江戸時代を通じて十二回派遣された。

※2　鎌倉・室町時代から明治・大正期に至るまで、初等教育、特に手習所用に編集された教科書の総称で、数千種つくられたといわれている。「往来」は消息往来の意で、…書簡文の模範文例であったが、中世以降は教科書的なものとなり、「庭訓往来」「商売往来」「百姓往来」など、庶民教育に重要な役割を果たした。（広辞苑）

※3　当然のことではあるが、現在とは違って皇国史観的見方に立った扱いをしていることは言うまでもない。朝鮮からやって来た使節は「使者」「使」となっていて、「通信使」という言葉はない。しかし朝鮮王朝との交流は「朝鮮と交際をする」という文章になっていて「来朝」（貢物を持ってやって来る、即ち日本の臣下になる）という言葉は昭和十八年版（最終版）になって初めて登場するにすぎない。また本来は江戸時代初期の外交のところで取り上げるべきであるが、新井白石の項目の中で取り上げているという問題点もある。しかし一貫して江戸時代に「朝鮮王朝と交際していた」と記述し続けていた。なお戦後民主主義の時代になってからの小学校社会科の教科書では江戸時代における日朝・日韓関係は全く無視され、平成に入るころになってやっと取り上げられるようになったのである。

目次

1　大船用文三韓蔵《たいせんようぶんさんかんぐら》

『大船用文三韓蔵』とはどのような書籍なのであろうか。まず『国書総目録』を見ると、「大船用文　たいせんようぶん　一冊、往来物、北尾辰宣　宝暦十三年刊」とあり、また「大船用文三韓蔵　たいせんようぶんさんかんぐら一冊往来物」ともある。

筆者の入手した本の表紙には「大船用文三韓蔵」とあり、柱題には「大船用文」とあるが奥付に題名はなく、発行年に関しては記載がある。ここにその全文を示そう。

> 作者　画工北尾雪坑齋
> 宝暦十三年未三月吉旦
> 安永八歳亥六月求板
> 　　寺町通松原上ル町
> 京都書林　菊屋七郎兵衛板

発行が安永八年（一七七九）求板とあるので、宝暦十三年（一七六三）の再版本であることが分かる。以後、筆者の所有本を安永本と呼ぶこととする。

一方、原本の「大船用文三韓蔵」（東京都立中央図書館・特別文庫室蔵）は（以下宝暦本とする）、「稀覯往来物集成第一九巻」（大空社）に収録されており（六十六％に縮小）、宝暦本はすべて同書を利用させていただいた。まずその「解題」の一部をお借りして、『大船用文三韓蔵』のアウトラインを説明する。

宝暦新刻　大船用文三韓蔵

〔書名〕収録書名は外題などによる（『大阪出版書籍目録』により補う）。柱題「大船用文」。
〔書誌〕北尾辰宣（雪坑齋）作・画
　宝暦十三年（一七六三）三月刊
　大阪・田原屋平兵衛ほか刊
　二六・四×一八・三㎝。一冊。三四丁。
〔内容〕三八通の消息文例を収めた往来物。正月より暮月にいたる五節句を始めとする諸行事、日常万般に及ぶ諸用件に題材を求めた消息文で、主として上方町人（とりわけ大坂）の営む社会生活に即して作成されている。また、多くの文例の最後に、催事で文中の語彙と文例全般の大意を解説してあるのも特徴として挙げられる。

また文例中の第二一番目に「朝鮮人来朝当地殊之外賑鋪……」、第二三番目に「朝鮮書記墨蹟一幅被進上候……」を収めるが、これは明らかに朝鮮通信使の来日を意識して作られたものである。（以下略）

「稀覯往来物集成第一九巻」（大空社）「解題」より。

本書では宝暦本を基本書として、安永本をそれと比較対照しながら検討をすすめていきたい。

2　宝暦本と安永本との比較

両書にはほとんど同じ項目が掲載されているが、最も大きな違いは「朝鮮人行列の図」の有無である。宝暦本は行列図を十二頁を割いて取り上げていて、朝鮮について記述した全二十五頁のおよそ半分を占めている。行列図の有無は、『稀覯往来物集成　第一九巻』の解説にもあるように、朝鮮通信使の来日を間近に控えていたかどうかの違いによるものであろうが、安永本には「朝鮮八道総図」（P63～64参照）の記載もないので、朝鮮通信使に対する関心がややトーンダウンしていることがわかる。

以下朝鮮通信使に関する項目を列挙してその違いを示そう。

項目	宝暦本	安永本
大船圖	○	○
朝鮮國信使解纜圖	○	○
朝鮮人行列之圖	○	×
朝鮮人の言葉づくし	○	×
楽器図	○	×
武器図	○	×
旗図	○	×
乗物図	○	×
朝鮮の仮名・数字	○	○
唐以呂波	○	○
朝鮮両京八道	○	○
朝鮮の名所	○	○
朝鮮の名物	○	○
朝鮮人朝貢の濫觴の事	○	○
朝鮮八道総図	○	×
朝鮮通信使見物の依頼	○	○

朝鮮通信使行列絵などの書付依頼	○	○
通信使揮毫の書を見せる	○	○
朝鮮人の達筆者	○	○

3　内容の検討

イ　大船図（P44～45参照）

右上に朝鮮通信使船の一隻が大きく描かれている。「清」とある旗は清道旗を示す旗であろう。またその右側の旗は龍が描かれているように見え、形名旗であろう。船の下には逆巻く波を描いてあり、大海を渡って来たことを示している。

これに対して左下の六隻の船は、淀川を溯る船をイメージして描いたものであろう。「正」の旗は朝鮮通信使の正使の乗る船を意味している。

ロ　朝鮮國信使解纜圖（P46～47参照）

「解纜」とはむずかしい言葉であるが、「ともづなをとく」とかながふられている。纜《ともづな》とは、艫《とも》（船の後方）にあって船をつなぎとめる綱のことである。

二隻の船には帆が無く、背景に山が描かれているので、大坂から淀川を遡り、淀に着いた様子を描いていると考えられる。ということになると左上に描かれた建物は淀城なのであろうか。ここから江戸まではすべて陸路となる。

ハ　朝鮮人行列之図（P48～59参照）

○上段には「朝鮮人乃《てうせんじん》詞盡《ことばつくし》」としておよそ百語を列記している。若い男の言い方から始まってみにくき女の言い方まで書かれていてその細かさに驚かされる。その他、小判・ふとん・ろうそくなど日常生活に密着した用語を列挙している。

更にそのあとには通信使が使用した「楽器」「武器」「旗類」「乗物」など多くの項目を絵入りで示している。

○下段には行列の様子が詳細に描かれている。

上段・下段ともほとんど呼称だけで、説明はない。したがって、どのような役割を担っているのか、どのように使われたのか、どのような意味があるのかがはっきり分からないものがかなりある。それらの中でごくわずかでも説明のある例外的なものに「龍亭子《りゅうていす》」（P59参照）がある。「書簡をのせるこしなり」とある。朝鮮通信使の最大の目的は国書の交換であった。その国書を乗せる輿であったのであえて説明してあるのであろう。

以下、上段・下段に示された主なものを項目別に列記してみる。

〈旗類〉　清道旗・刑名旗・巡視旗・令旗・纛《どくのはた》

〈朝鮮通信使〉　正使・副使・従事官・小童・写字官・上判事・通事役・文官・及唱・武官

〈乗物〉　屋轎三丁（信使・副使・従事）・平轎三丁・駕轎壱丁・龍亭子壱丁

〈武器〉　堰月刀《えんげつとう》・三枝槍《さんしそう》・矛《ぼうのほこ》・矢・弩《ゆみ》・砲手《ほうしゅ》・節《せつ》・鉞《えつ》

〈楽器類〉　太平簫《たいへいせう》・螺角《らかく》（ほら）・喇叭《らっぱ》・行鼓（たいこ）・錚點《さうてん》・鉦《どら》・鼓《こ》（大たいこ）・ちゃんめる

〈その他〉　燈籠《とうろう》（てうちん）

まるで朝鮮通信使の行列を見物するためのガイドブックである。当時朝鮮通信使が来日するとその行列を描いた本が盛んに発行されていた。本書が刊行されたのは宝暦十三年（一七六三）である。翌明和元年に朝鮮通信使が来日しているので、朝鮮通信使ブームが湧き起こっていたと考えられる。その興奮が寺子屋のテキストとして採用された大きなきっかけになったのであろう。当然子供たちも大きな関心を持ったと考えられる。朝鮮通信使がやって来ると寺子屋のテキストとして朝鮮通信使を採りあげたものがあったことがこの本によって分かるのである。

ちなみに安永本には行列図の部分はない。安永八年（一七七九）の発行で、当時、朝鮮通信使来日のはっきりした予定が無く、行列見学は当分不可能と考えられ行列図はカットされたのであろう。

ニ　朝鮮の仮名（P60参照）

いろは四十七字にハングル文字をあてている。

ホ　朝鮮の数字（P60参照）

漢数字の朝鮮語での読み方を示している

ヘ　朝鮮両京八道《てうせんれうけいはちどう》（P60参照）

李氏朝鮮の地方行政組織について説明している。

京畿道《けいきどう》　国のまん中也　　忠清道《ちうせいとう》　西南ニあり。むかしの馬韓の地なり

慶尚道《けいせう》　東南にあり。昔の辰韓の地　全羅道《ぜんら》　真《ま》南ニあり　卞韓の地
江原道《こうげん》　正《ま》東ニあり　○貊の地　黄海道《わうかい》　正《ま》西ニあり　むかしの朝鮮
咸鏡道《かんけう》　東北ニあり　高麗の地　平安道《へいあん》　西北ニあり　昔の朝鮮なり
此外《このほか》ニ両京《れうけい》あり　北ニあり　故ニ両京八道といふなり。むかし三韓といひしハ馬韓《ばかん》　辰韓《しんかん》
卞韓《べんかん》の三國なりしが今は朝鮮に一統《とう》して八道となりたる也。此國北ハ女直國《じょちょくこく》の地つゞきにして西北ハ唐土《もろこし》につづき東南ハ海《うみ》なり

現代の日本人でも知る人の少ない朝鮮の地方行政組織まで説明されていて、かなり細かく書かれていることが分かる。

ト

朝鮮の名所（P61参照）
京《けい》　畿《き》　國のまん中　繁昌《はんぜう》の地《ち》なり
金剛山《こんごうざん》　大山なり　江原道《こうげんとう》ニあり
長白山《てうはくさん》　てうせんと女直《じょちょく》國の境《さかい》山なり。四季《しき》雪《ゆき》あるゆへ長白山といふ也。此山中より出て南へなが流《る》ゝ川を鴨緑江《あふ里よくこう》といふ。北ハ女直國へ流《なが》れて混同江と名づく
鴨緑江《あふ里よくこう》　大河《だいが》なりこれまた女直《じょちょく》の境《さかい》川なり。平安道にあり
遼《れう》　東《とう》　平安道《へいあんどう》ニあり。もろこしと朝鮮《てうせん》との境《さかい》なり

箕子祠《きしのみや》　大同江《たいどうこう》ニ阿り。箕子《きし》ハ殷《いん》の紂《ちう》王の庶兄《しょけい》なり。賢人なるゆへ周武王《しうのぶわう》の時ニ朝鮮に封《ふう》じて國《くに》の始祖《しそ》とす。ゆへに後代まで崇尊《たつとんで》してその祭礼《まつり》たへず

朝鮮の名所を六ヶ所あげて、それぞれに若干の解説をつけているが、以下、広辞苑などで補足したい。

「京畿」とは「国都とその近辺の地。畿内。」（広辞苑）という意味である。具体的には漢城（ソウル）を中心とした地域のことであろう。

「金剛山」とは「朝鮮民主主義人民共和国の南東部、太白山脈の北部の山。全山が黒雲母と花崗岩から成り、一万二千峰と称され、長安寺・神渓寺などの伽藍と相まって景勝をなす。主峰は標高一六三八メートルの毘盧峰。クムガン・サン。」（広辞苑）。朝鮮の名山として清見寺に遺された金有聲（明和元年・一七六四年に来日した画員）の屏風絵にも描かれている。

「長白山」とは「中国東北部と朝鮮との境にそびえる火山。松花江・豆満江と朝鮮との中間にある長白山脈の主峰。山頂のカルデラ湖を天池という。標高二七四四メートル。朝鮮では白頭山（ペクトサン）と呼ぶ。」（広辞苑）。『奉使日本時聞見録』や『海槎日記』にも富士山に対する朝鮮の名山として採りあげられている。

「鴨緑江」とは「おうりょっこう。朝鮮と中国東北部との国境をなす川。白頭山に発源し、南

西流して黄海に注ぐ。全長七九五キロメートル　朝鮮第一の長流。」(広辞苑)
「箕子（きし）」とは「殷の貴族。紂王（ちゅうおう）の暴虐を諫めたが用いられず、殷が滅ぶと朝鮮に入り、朝鮮王（箕子朝鮮）として人民教化に尽くしたとされる。」(広辞苑)。そこから後に小中華意識が起こったと言われる。箕子祠は平壌にあったが一九五九年、朝鮮民主主義人民共和国政府により破壊されて現在はない。

チ　朝鮮土産名物（P61参照）

人参《にんじん》。狼尾筆《らうびひつ》。白硾紙《はくいし》。陶器類《やきものるい》。海東青《かいどうせい》。牛魚《ぎうぎょ》。海豹皮《かいへうひ》。


朝鮮王朝の名産品を七つ挙げている。

まず最初に「人参」を採りあげているがこの人参は当然朝鮮人参のことであろう。人参については何の説明もないのは、その必要もない程有名だったからであろう。当時その薬効は高く評価され、盛んに輸入され珍重されていた。幕府は宝暦十三年（一七六三）人参座を設置している。朝鮮第一の名産品であることは明白である。

「狼尾筆」は「小筆なり。今も日本へ賣物ニ渡るなり」とある。狼とあるのでオオカミのしっぽの毛を使ったと筆と思いがちだが、どうもこれはイタチの毛を使った筆のようであるがはっきりしない。

「白硾紙」は「大唐紙なり」とあるが朝鮮で作られた紙で、ペクチュジと言い、色が白く丈夫であった。

「陶器類」は朝鮮の誇る世界的名産であることは誰しも認めるところであろう。しかし「壺花《つぼはな》瓶徳利《いけとくり》其の外皿鉢《さらのはち》の類いづれも昔渡り性《せう》よし」とあり、褒めてはいるが、昔渡りとあるので、特に古陶器を評価している。

「海東青」とは「鷹《たか》の名《な》なり。小たかにて甚よく鳥をとるとなり」とあり朝鮮の鷹を高く評価していたことがよくわかる。朝鮮通信使は来日するたびにおみやげとして馬と鷹を必ず幕府に贈呈している。

「牛魚」とは「長さ貳丈ばかりの魚なり。女直よりいづる」とある。女直とは女真ともいい、満州族の一つである。したがって中国東北方面で採れる六メートルにも達するような大魚のことを言っているのであるが、具体的になんという魚なのかはよくわからない。

「海豹皮」は、「海ニすむ豹《へう》の皮《かわ》なり」とある。アザラシの皮のことであろう。続けて「右の外薬種《やくしゅ》小間物《こまもの》類朝鮮より渡る物多し」とあり、朝鮮から様々なものが輸入されたとある。寺子は、朝鮮から物資の輸入が盛んに行われたことを学んでいたわけであるし、実感もしていたであろうから、現在のような「鎖国」の意識即ち長崎を通じてオランダと中国とのみ交流していたという感覚はなかったに違いない。

最後の部分に「書物は紙粗く板行もあしくて和板ニ及ばず」とあり、書物の出来は日本の方が優れているとしている。

リ　朝鮮人朝貢の濫觴の事（P62参照）

日朝関係の歴史を記述している。この内容を論ずることが本稿の主目的であるので別項5（P27参照）で論ずることとする。

ヌ　朝鮮八道総図（P63〜64参照）

二頁にわたって朝鮮王朝の地図を載せている。ここには対馬も描かれているが、筆者は勿論対馬を朝鮮の一部と考えていたわけではない。この地図に掲載された場所がすべて朝鮮王朝の領土として書かれたものではないことが対馬の記載からよくわかる。鬱陵島は韓国領の島であることは日本でもよく知られているが、于山島は全く聞いたことのない島名である。鬱陵島の南にそれと同程度の大きさの島があるのであろうか。この島は八道総図（一五三〇年）には鬱陵島の西に描かれているが本図では南に描かれている。現在いわゆる竹島・独島問題の争点の一つになっている島でもある。寺子屋ではどのように教えたのであろうか。

なお安永本にはこの地図はカットされている。

ル　朝鮮通信使をめぐる手紙について（P65〜67参照）。本文左の（　）内は筆者の訳文

その一　朝鮮人来朝當地《てうせんじんらいてうとうち》殊之外賑鋪《にぎハしく》候。行列《げうれつ》御見物候者通筋《とほりすじ》之内懇意《こんい》之方江頼可遣候

（朝鮮通信使が日本にやってくるというので、当地は思っていた以上に賑わっています。もし朝鮮通信使の行列を見物したいならば、通信使の通る道筋の親しくしている人に、便宜を図ってもらい見物できるようにお願いするとよいでしょう）

その二　遠方故得《ゑんほうゆへゑ》出坂《しゅつはん》不仕残念《さんねん》存候。朝鮮信使衣冠《てうせんしんしいくハん》其外往来行列《わうらいげうれつ》御書附《かきつけ》可給《たまわる》候。不具

笠の上に鳥の羽有ハ武官の笠なり　文官の冠　八卦冠《はつくわくハん》三使のかふり也

（遠く離れているので大坂に出かけて見物できないのが残念です。朝鮮通信使の服装とかぶりもの、その他道を進む通信使の行列の様子などお手紙に書いていただけると幸いです。意を尽くさない手紙になってしまったことをお詫びします）

その三　朝鮮書記墨跡《てうせんのしょきぼくせき》一幅《ふく》致進上候。製述官《せいじゅつくハん》之詩《し》并文章《ふんせう》一篇《へん》。自後《よりあと》可レ入二御覧《らんに》一候

朝鮮人古来来朝能書　雪月堂　李雪峯　李東郭　花菴　貞谷　石泉子
（朝鮮通信使の書記の筆になる書の掛物一つを差し上げます。製述官の漢詩並びに文章を一篇いつか御覧いただくように致しましょう）

その一は朝鮮通信使がやって来るところは多くの人が殺到し大変な賑わいとなるから、その行列を見物したい者は街道筋の懇意の方に、見物に便宜を図ってもらうようにお願いしておくことを勧めている。その実践例のような史料が静岡県牧之原市に残されている。「助次・助十・次郎右衛門、七日ニ掛川へ見物ニ可行と右三人罷出、掛川ニ而宿入見物いたし、日坂幸八殿方ニ泊り、翌八日道中ゆる〳〵見物いたし、大井川を見、暮合ニ内へ帰ル」（『静岡県史資料編一三』）。即ち旧相良町松本に住む三人が計画を立てて出発し、掛川宿で朝鮮通信使の宿入《やどい》りの様子を見物し、夜はその東にある日坂宿の幸八方に宿をとり、おかげで翌日は朝鮮通信使が大井川を渡る所までゆっくり見物し、夕方に帰宅出来たという。宿泊先は恐らく事前に連絡してあったに違いない。見物人が殺到していたから、事前にお願いしておかなければ宿泊することは出来なかったであろう。『大船用文』の指摘は時宜に適ったものであった。

その二は大坂までは遠方で行けないので、朝鮮通信使の服装の事など書いて送ってほしいと依頼する文例である。この書が京都寺町通松原上ル町菊屋七郎兵衛板とあり、また本書のかっての所有者田中氏が北櫻邑（現滋賀県野洲町・P71参照）とサインしているので、主に上方方面の寺子屋で使用されたと考えられ、そのために大坂が出てきているのではないかと考えられる。大坂は朝鮮通信使が到着した場所であり、また海御座船から川御座船に乗り換える場所でもあったから見物にはもってこいの場所だったと考えられるのである。また朝鮮通信使の様子を手紙に書いて送る場合、その様子がはっきり分かるように挿絵を入れた方がよいとして笠・冠などを具体的に示している。実に親切丁寧である。

その三は朝鮮通信使の書をあなたにあげます、あるいは入手した漢詩を御覧に入れますと言うときの手紙の文例を示しているが、通信使書記などの書が簡単に入手できたのであろうか。とても信じられないことである。その実態は不明であるが、朝鮮通信使の書が珍重されその墨跡が盛んにやりとりされていたことが想像される。朝鮮通信使の能書家の一覧表が示されているのが面白い。なお雪月堂は天和度の写字官李三錫、李雪峯は寛永二十年度・明暦元年度写字官金義信（雪峯）、写字官で二回派遣されたのはこの人のみである。よほどの名筆家であったのであろう。李東廓は正徳度製述官李礥、花菴は正徳度写字官李爾芳。貞谷と石泉は（筆者の能力をこえ）不明である。

以上、朝鮮通信使をめぐる手紙の書き方が三例も示され、それらを寺子達が学んだことであろう。とても信じられないことであるが朝鮮通信使に対する関心が子供の世界にまで入って来ていたことがわかる。

4　子供と朝鮮通信使

ところで寺子屋で使用されたテキストに朝鮮通信使行列図（P48〜59参照）を載せたのはちょっと行き過ぎのようにも思われるが、どう考えたらよいのであろうか。

第十回目、即ち延享五年・寛延元年度（一七四八）の朝鮮通信使従事官曺命采の『奉使日本時聞見録』に次のような一節がある。

見里中數三児倭。以紙造笠子與戦軍服着之。以茅葉製喇叭形以吹之。其聲亦彷彿

（興津の里を通過中、三人ぐらいの日本の子供たちが遊んでいるのを見た。紙で通信使の帽子を作り、また軍人の帽子も作り、頭にかぶって遊んでいた。又朝鮮国の軍服を作りそれを着て遊んでいた。更に茅の葉で喇叭の形を真似て作り、それを吹いていた。その音がまたわれわれの喇叭の音によ

く似ているのである）

朝鮮通信使が興津宿（静岡市）付近を通過中、道の横で子供たちが自分たちの様子を真似して遊んでいたが、笠、ラッパ、服装など自分たちのものとそっくりだと書命采は子供たちの作品を褒めているのである。

ちょっと信じられないことではあるが、子供たちはどうしてそのような道具類の作成を考え、遊びの世界に取り入れたのであろうか。おそらく大人の世界で起こっていた朝鮮通信使ブームが子供たちの世界まで波及していたからなのであろう。

しかし問題は朝鮮通信使から褒められるような出来のよい道具をどうして作ることができたのかということである。前記の記録は帰路に書かれたものなので、往路のとき見た朝鮮通信使の様子及び道具類などを思い出して、それをもとに作成したものなのであろうか。しかしちょっと見た程度では実際に再現することは難しい。最も考えられるのが当時盛んに作られ販売されていた「朝鮮通信使来朝記」のような本に書かれた行列図を参考にすることである。ということは大人だけではなく、子供たちもそのような本を見ていたのではないだろうか。あるいはそのような本を見た大人から教えてもらったのであろうか。そう考えると寺子屋で『大船用文』のような本が作られ、そこに通信使の行列図などが描かれていても決して不思議なことではない。もっと言うならば子供たち自身も往来物に朝鮮および朝鮮通信使が書かれることを期待していたのではないであろうか。

一方、子供たちが、通信使を真似て遊んでいたのではないかと想像させる絵も何点か遺されている。例えば静岡県西部の旧家に所蔵されている屏風絵に、興津の子供たちが遊んでいる様子を髣髴とさせるような場面が描かれている。一人は笠をかぶって喇叭を吹き、一人は形名旗らしい旗を持っている。この絵の筆者・製作年代などは不明であるが、このような屏風絵があるということは、興津宿だけでなく、広い地域に渡って、子供たちが朝鮮通信使を真似て遊んでいたことを想起させる。

5　朝鮮人朝貢の濫觴の事 （P62参照）

本書は日朝関係の歴史を一頁を割いて記述している。子供たちは寺子屋でどんな歴史を学んでいたのであろうか。それは同時に当時の人々の歴史観と考えてもよいであろう。以下まず翻刻文を示そう。

朝鮮人朝貢《てうせんじんてうこう》の濫觴《はしまり》の事《こと》

抑《そも〱》朝鮮人来朝の初《はしめ》ハ本朝人皇第《にんわうだい》十代崇神《すじん》天皇の御宇《ぎょう》。任那國《ミまなのくに》より使《つかひ》して日本ニ朝《てう》貢《こう》す。天皇貢物《てんのうミつぎもの》をおさめさせ給ひて。使者《ししゃ》ニ赤絹《あかきぬ》百疋《ひき》其外品ゝのものを賜《たま》ひて。本國《ほんこく》ニ帰《かへ》らしめ給ふ。此國ハ三韓《さんかん》の西南に阿るによりて。三韓《さんかん》人これを聞《きく》に。第十一代の帝垂仁《ミかとすいにん》天皇の御宇に。新羅《しんら》王の子。天《あま》の日槍《ひほこ》といふものを来朝《らいてう》せしめ。羽大《はふと》玉《たま》。足高《あしたか》玉。鵜鹿ゞ《うかが》赤石《あかいし》玉。出石小刀《いつしのこかたな》。出石桙《いつしほこ》。日鏡《ひのかゝミ》。熊神籬《くまのひもろぎ》。この七物《ななくさ》を獻《たてまつ》る。菟道《うぢ》これ朝貢の初也。應神《わうじん》天皇の御時ハ百済《はくさい》より阿直岐《あとぎ》といふもの。経事《ふミ》を貢《こう》す。菟道の王子。これを師《し》として文《ふミ》を学《まな》び給ふ。王仁も此時に召連て来朝す。又其後異鳥《いてう》を献《けん》ず。百済《くたら》の酒の君といふ人ニ。これを飼《かハ》せ給ふ。仁徳天皇百舌野《もずの》ニ猟《かり》し給ふニ。かの鳥多《おゝ》く雉子《きじ》を獲《ゑ》たり。これ鷹狩《たかがり》の初なり○其後朝貢《てうこう》おこたり。無礼《ふれい》の事阿りければ。軍使《ぐんし》を遣し征《せい》し給ふ事も。代ゝに阿りけるが。仁徳天皇の御時竹葉瀬《たけはせ》といふ人大軍《ぐん》を卒《そつ》して征戦《せいせん》をしかバ。百済《はくさい》王恐《おそ》れて服《ふく》せりとや。其後ハ代々に朝貢して。此國の人徳武威《じんとくぶい》に帰服《きふく》し奉れる事。挙世《よこぞって》しる所也。朝鮮を。昔は三韓《かん》ともいひ。又ハ高麗《こま》。百済《くたら》。新羅《しらぎ》ともいふ。又鶏林《けいりん》といふも朝鮮の事也

（訳文）

朝鮮人が貢ぎ物をもって日本の朝廷にあいさつにやってきたはじまりのこと

そもそも朝鮮人が貢ぎ物をもって日本の朝廷にあいさつにやってくるようになった初めはどのようなものだったでしょうか。日本の第十代崇神天皇のお治めになられている時に、任那国の使者が貢ぎ物を持ってやって来ました。天皇は貢ぎ物をお受け取りになられ、その使者には赤絹百疋其他多くの品物を与えて帰国させました。この国は三韓（朝鮮）の西南にあるので、朝鮮の人がその話を聞いて、十一代の垂仁天皇の時に新羅の王子「天の日槍」を日本に派遣し、羽大玉な

ど七種類の品物を献上しました。これが朝貢の初めなのです。その後応神天皇の時には百済から阿直岐という者がふみ（文）を献上しました。応神天皇の子菟道皇子は阿直岐を師としてふみを学びました。王仁もこの時阿直岐に連れられて一緒に日本にやって来ました。その後見たこともないような鳥が献上されたことがありました。その鳥を百済の酒の君という人に飼育させました。仁徳天皇が百舌墅で狩りをされた時にこの鳥はたくさんの雉を捕えました。これが鷹狩りの始まりなのです。しかしその後朝鮮は日本に貢ぎ物を持ってあいさつに来るのを怠り、礼儀をわきまえないことがありましたので、軍隊を派遣して征服したことが代を重ねるごとにありました。仁徳天皇のお治めになられた時には、竹葉瀬という人が大軍を率いて征服の戦いをしたので百済王がその勢いを恐れて降伏したということです。其の後は代々日本の朝廷に貢ぎ物を持ってあいさつにやって来るようになり、日本人の持っている徳及び武力の威光に心をよせてつき従うようになったことは日本人全員がよく知っていることです。朝鮮を昔は三韓とも言い、また高麗・百済・新羅ともいいました。また鶏林というのも朝鮮のことなのです。

何という難解な内容であろうか。これが寺子屋で学ばれた日本の歴史なのである。内容を検討してみると、阿直岐から文（ふみ）を学び、また鷹狩の技法など朝鮮から文化を学んだことも書かれているが、文章全体が「朝貢　朝貢　貢物　来朝　献ず　朝貢の初め　貢献ず　朝貢　無礼　服せり　朝

貢　帰服」などの言葉で埋まっている。即ち朝鮮は昔から日本の支配下にあったという内容になっている。「崇神天皇の時任那の国が朝貢して来た。しかしその後朝貢を怠り無礼であったので、仁徳天皇は軍を派遣して此れを征した。百済の国はおそれて朝貢して来た。その後代々天皇の徳を慕って朝鮮は朝貢を続けた」というのである。日本書紀を基盤にした歴史叙述になっていて、典型的な皇国史観である。明治時代以後発行された『尋常小学国史』の内容とよく似ている。このような歴史観は朝鮮通信使がやってくるたびごとに発行された「朝鮮人来朝物語」のような題名の本に見られる歴史観であったから、朝鮮通信使がやってくればくるほど朝鮮属国史観が増長されることになる。

　そのような見方は本書だけにとどまらなかった。『大船用文』と同年に『朝鮮人大行列大全』が発行されている。同書では神功皇后が初めて三韓（朝鮮）を攻めて日本の属国としたこと、及びその後の日朝関係の歴史を縷々述べた後、最後に次のように記している。

「文禄《ぶんろく》元年、太閤秀吉《たいこうひでよし》公ミつから名護屋《なごや》迠出馬《しゅつば》ありて、加藤肥後守清正《かとうひごのかみきよまさ》　小西《こにし》摂津守行長《ゆきなが》を大将として朝鮮を攻破《せめやぶ》り、永く日本の奴となし給ふ。始《はじめ》の程《ほと》ハ又年〻乃貢物《みつきもの》を捧《ささく》るといへ共次第に御宥免《ゆうめん》ありて我が朝にめでたき御事ある持《（ママ）》節必来朝すとなん。慶長《けいちゃう》の頃より殊《こと》に美《び》〻《ゝ》布《しく》、奉り物も善美《ぜんび》をつくせりとなん」

　秀吉が朝鮮を打ち負かしたので朝鮮は日本の属国となり、毎年貢ぎ物を持ってやって来た。しかしやがてこれを許し、日本の吉事のあったときだけ来日するようになった。そのため献上物は善美を尽くしたというのである。これが当時の人々の朝鮮通信使観の一側面であったのである。あこがれもあったことも間違いなかろうが蔑視観で朝鮮通信使を見ていたことも否めないのである。

更なる例として『朝鮮人来朝行列記』（二代喜多川歌麿筆　文化八年発行）に添えられた十返舎一九の序文を見て見よう。

「豊坂登《とよさかのぼ》る日影《ひかげ》ゆたかにしてよつの海原波風《うなばらなミかぜ》穏《おだやか》に韓国《からくに》の船万祥《ふねばんしょう》を唱《とな》えて今年対州《ことしたいしう》の地《ち》に來伏《らいふく》なしぬ。偏《ひとへ》に聖代《せいたい》の御功《おんいさふ》……」（朝日がきらきら輝いて登り、日の光に満ち溢れ、日本のまわりの海は波風立たず平和であり、朝鮮の船がおめでとうおめでとうと言って今年対馬にやって来て服従の意思を示した。これはひとえによく治まった御代のおかげである）。

文中にある「來伏」とは何か。日本に伏する即ち服従するためにやって来たということである。それはひとえに幕府の功績でありお蔭であるというのである。当時の人々は、日朝関係とはこのような関係であると認識していた。

ということは朝鮮通信使が来日するたびにこの種の本が発行されたとすると、そのたびごとに朝鮮属国史観が強まることとなる。現在朝鮮通信使は日本と朝鮮の友好関係を促進したという評価が一般的で間違っているわけではない。しかし反面、朝鮮蔑視史観を増長する側面を持っていたことも忘れてはならないであろう。

6　幕府より民衆に強かった来朝観

イ　朝鮮通信使が「来朝」という文言を消す

朝鮮通信使に関する記録・文書などを見ると「来朝」「来聘」という用語にしばしば出会う。両者にはどのような違いがあるのであろうか。『広辞苑』によれば、

【来朝】外国の使者などが朝廷に来ること。入朝

【来聘】外国から外交使節が来朝して礼物を献ずること

とあり両者の違いがはっきりしない。

しかし『広漢和辞典』によれば「聘」とは「昔、諸侯が卿・大夫を使者として他の諸侯を訪問させたこと」とあり、両国間に上下関係はない。ということは来朝には上下関係が濃厚に存在するが來聘にはそれがない。つまり、両者には大きな意味の違いがあり、使い方によっては両国間でトラブルが生じかねない。

延享五年（一七四八）相州淘綾郡山西村現在の神奈川県二宮町で次のような事件が起こった。

「朝鮮人就来朝ニ、村々ニ建置候火之用心制札ニ、書記置候来朝ノ字、朝鮮人消シ申候、是ハ来聘与可書也。聘之字諸侯使ニ大夫一問ニ於諸侯一聘曰」

（『朝鮮通信使来聘覚書』二宮歴史研究会・編集責任者宮戸理恵）

右史料によれば、朝鮮人がやって来ると言うので火の用心をしっかりするようにという指示が幕府からあったのであろう。村々では「朝鮮人がやって来るので火の用心をしっかりするように」という制札を作り村内に掲示した。ところがそれを見た朝鮮通信使が、「来朝」という言葉を使っているのはとんでもないということで「来朝」という文字を消してしまうという行動に出たという。どのように消したのかは書かれていないが、これは穏やかでない激しい動きである。村の担当者はごく普通に使われている来朝という言葉を使ったまでで、他意は無かったであろう。しかし朝鮮通信使側から見ると看過することが出来なかったのであろう。何故許せなかったのであろうか。自分たちは朝鮮王の家臣として友好関係を深めるために将軍に挨拶するためにやって来たのであるから、そういう場合は「聘」という字を書くべきである。来朝というと「属国になった王が貢物を家臣に持たせ、臣下の礼を尽くすためにごあいさつに行くことであるので言葉遣いが間違っている。来朝という言葉は朝鮮使節に甚だ失礼であるので消した」というのである。恐らく朝鮮通信使のそのような行為に村人は大いに驚いたに違いない。そうでなければこのような史料は残らなかったであろう。私は朝鮮通信使が

「来朝」と「来聘」をはっきり区別していたことを示す史料としてこれは極めて重要な史料であると考える。

ロ　「来聘」と「来朝」との比較
『徳川実紀』と『静岡県史』・『福田町史《ふくでちょう》』（現静岡県磐田市）に見る来聘・来朝

朝鮮通信使の記述のある古文書に当たってみると、朝鮮人が来日したことを「来朝」と表現していることが圧倒的に多いことに気付く。例えば静岡県史資料編の「朝鮮・琉球使節の通行」の項目を検討してみると、そこには通信使に関連した地方文書《じかたもんじょ》（近世の村で作成された文書）が多数掲載されているが、来朝が十九か所出ているのに、来聘は四つに過ぎない。また『福田町史資料編Ⅲ』の「第九章国際関係との接点」には、来朝は実に二十三の多きを数えるのであるが、来聘はわずかに一か所のみである。これに対して『徳川実紀事項索引』（吉川弘文館）をみると来朝三に対して来聘は実に百二の多きに達していて前掲二書とは極めて対称的である。では何故そうなってしまっているのであろうか。

結論的に言えば前二書が地方文書に依拠しているのに対し、後者が幕府の日記・古記録・編纂物に依拠しているという違いに依るのではなかろうか。したがって「来朝」は庶民が日常的に使用している言葉、「来聘」は幕府が使用していた言葉と言ってもよいであろう。ということは、庶民は朝鮮通信使を、「徳川幕府の属国になった朝鮮王朝は、貢ぎ物をもってわざわざ江戸までやって来て将軍の就任を祝した」ととらえていたが、幕府は、朝鮮王朝と日本は形の上では対等な関係にあり、新将軍の就任を祝すために派遣された使節、と解釈していたといってよいのではないだろうか。別の言い方をすれば、庶民は朝鮮通信使を朝貢使ととらえ、幕府は国書のやりとりをする対等な関係にあると解釈していたのではないだろうか。

ということになると江戸時代の庶民は徳川家康の鮮やかな朝鮮通信使外交により、朝鮮王朝よりも江戸幕府の方が上という差別的意識を持つようになっていたのではないだろうか。今流の言い方をすれば皇国史観的意識は権力者よりも庶民が持つようになっていったといえる。草の根皇国史観が、江戸時代の庶民の間で醸成されていたことがわかるのである。皇国史観は明治以後になって政府の手によって突然形成されていったものというイメージが強い。確かにそういう側面もあろうがその起源は少なくとも江戸時代中期にまで遡ることは誰しも認めざるを得ないであろう。永原慶二氏の『皇国史観』（岩波ブックレット）では「皇国史観の形成を歴史的に追及すれば、江戸中期以降の儒者および国学者・尊皇論にさかのぼる必要がある」と指摘している。多くの場合、本居宣長・平田篤胤などの国学者の名前はあるが民衆の動向について触れることはない。しかし木曽路の山の中にある一宿場の長《おさ》青山半蔵が国学に傾倒していったのは『夜明け前』に詳しい。島崎藤村は時代の流れの中で一般の人々がどのようにものの考え方を変えていたのかを冷静に指摘したのである。「皇国史観」というと直ぐに、国家が、明治政府が、政府がという言葉がついてくる。しかし「国家・政府」抜きに「皇国史観」が普通の庶民に醸成されていったことを忘れてはならない。

7 結語

『大船用文三韓蔵』は、冒頭で述べたように、本来は寺子屋で使用するテキストとして作成されたものである。いわゆる往来物に属するものであったから、そのほとんどが手紙文で占められている。しかし本書で極めて注目すべきことは、朝鮮通信使行列に関する文例が三点も含まれていることである。「朝鮮通信使を見ようと人が殺到しているようですが見物がうまく出来るように便宜を図ってほしい」、また「見物に行けないからその様子を知らせてほしい」、更には「朝鮮通信使からもらった漢詩などを御覧に入れます」など、かなり実用的な文例が示されている。即ち子供たちが将来に備えて朝鮮通信使をめぐる手紙の書き方を寺子屋で学習していたのである。本書の際立つ特徴はここにあると言ってもよい。朝鮮通信使をめぐる手紙の文例があるということは、朝鮮通信使が庶民の普通の生活の中にあったと言ってもよいだろう。

更に驚くべきことに、朝鮮通信使の行列図・行列に使われた旗・楽器・武器・朝鮮語まで載っている。当時盛んに発行された朝鮮通信使行列に関するガイドブックの一部を取り入れた感さえある。朝鮮通信使ブームが起こっていたことを反映しているのであろう。さすがに安永本には行列図はカットされたが、手紙文の書き方などは残されたのである。

このような依頼文・案内状が実際にどの程度やりとりされたかは不明であるが、寺子屋で学習されていたこと自体が驚異的なことである。どのくらいの数の寺子が学んだかは別としても、寺子屋で朝鮮のことや朝鮮通信使について詳しく勉強していた子供たちがいたことは間違いない。朝鮮通信使を媒体として、日朝間の豊かな交流が子供たちの世界にまで波及していたことは確かである。江戸時代の外交関係は従来「鎖国」史観のもと、日朝関係は存在しなかったかのように扱われてきた。最近はその反省を踏まえ、朝鮮通信使は歴史書に詳細に記述されるようになった。『大船用文』は、朝鮮通信使が人々の生活の中まで入り込んでいたことを知ることが出来る貴重な資料と言えるであろう。

しかしここで問題にしなければならないことがある。それは寺子屋で学んだ子供たちが抱いたであろう歴史観である。本書は一頁を割いて日朝間の外交史を記述しているが、「古代以来朝鮮は日本の属国になっていて天皇に貢物を持ってやって来た」という内容になっている。朝鮮通信使の見物及び交流を楽しみにしていた江戸時代の人々は、子供も大人も心の内では、彼らを自分たちよりも低い地位にあるものと見ていたことも確かなのである。いわば皇国史観的見方をしていたことになる。

ところで皇国史観というと、明治時代以後、政府に誘導されて確立した歴史観という見方が一般的であろう。その代表が国定教科書（明治三十七年の『小學日本歴史』に始まる）の歴史観である。しかし『大船用文』などを見ると、その歴史観は日本書紀をよりどころとするまぎれもない皇国史観になっている。近代以後の皇国史観的見方が、すでに江戸時代中期ごろにはあったことがはっきり分かるのである。江戸時代にあっては、朝鮮通信使に対するあこがれ・交流があったことは本書が発行されたことそのものによく示されている。しかし反面、朝鮮属国史観が強くあったことも忘れてはならない。そのような見方は江戸時代に庶民の世界にまで濃厚に存在していたのであり、それが明治時代以後に国家の手も加わって増幅されたと考えるべきではなかろうか。

あとがき

安永本の最初は何も印刷されていない挟み込みの紙から始まる。そこに「田中氏　北櫻邑」と朱墨の書き込みがある（P70参照）。朱墨の書き込みはこれのみであり、また他の文字に比べて達筆なので、寺子屋の師匠の書きこみであろう。この北桜邑は、現在は滋賀県野洲市にあり、朝鮮人街道起点（P71参照）の地までおよそ三キロ程度の至近距離にある。朝鮮通信使行列の喧騒が聞こえてきそうな位置にあるともいえる。

また出版社は「大坂書林」とあり、出版人の一人である前屋弥兵衛の居所は高麗橋壱丁目とある。大坂は言うまでも無く朝鮮通信使が来日し、「大船」を係留した場所でもあり、「高麗橋」という呼称も通信使にちなんでつけられたという説もある。いずれにしても大坂は朝鮮通信使ゆかりの地である。

そう考えるとこの往来物は上方方面で使用されたものであることは間違いないであろう。したがってこの古書一冊で、江戸方面まで、寺子屋で朝鮮及び朝鮮通信使が学習されていたとは言い難く、尚且つ他に類書を見つけることも今のところ出来ていない。したがって広い地域の寺子屋で朝鮮通信使を含む朝鮮学習が行われたとは断定できないが、たとえ一地方の事であったとしても朝鮮についての学習が行われていた事実があったことは確かである。

それにしても寺子屋で朝鮮及び朝鮮通信使を学習していたとは驚きである。この書の所有者であった田中平治郎さんとはどんな人物だったのであろうか。一度北櫻の田中家を訪ねてみたいものである。

最後になってしまったが『大船用文』の転載を快く承諾してくださった大空社様に厚くお礼を申し上げたい。お蔭様で、なかなか見ることが出来ない「朝鮮通信使の行列図」を多くの方々に見ていただけることになった。また『朝鮮人大行列記大全』の掲載を快諾いただいた望月宏充氏、度重なる校正に快く取り組んでくださった羽衣出版の松原社長と編集部の方々にも厚く御礼を申し上げるものである。

『大船用文三韓蔵』影印

凡例

一、本集成は、日本有数の往来物コレクションから現存唯一のものを中心に稀覯書二一八点を集録したものである。底本の所蔵機関および所蔵者は冒頭の「発刊のことば」に掲げた通りで、底本個々の所蔵先は各巻の解題に示してある。また、各コレクションの概要は配本ごとに「発刊のことば」に続けて紹介した。

一、各史料は、表紙から奥付までを影印収録した。裏表紙等は研究史料となりうる場合に限り掲げた。必要に応じて、［参考］欄に関連史料を併せて掲載した。

一、収録に際し、色刷りの箇所はすべて単色（墨色）刷りに統一し、さらにA5判に収まるように縮小（まれに拡大）した。底本の書き込みや汚れはそのままとした。なお、表紙の題簽部分を見やすくするため、一部合成した箇所がある。

一、収録した往来物の記事中に、一部、差別的表現が見られるが、本集成はこれを是認するものではない。学術資料として原史料のまま提供する趣旨をご理解頂きたい。

一、研究の参考に供するため、各巻に底本の書誌・内容に関する解題を付録した。解題は、［書名］［書誌（年代・書型 ＊本の大きさはセンチメートル・冊数・丁数・縮小率等）］［内容］［作者］［所蔵（底本所蔵先・底本以外の所蔵状況）］［備考］に分けて記載した。解題は石川・丹・小泉で分担執筆し、今回は第一九・二二～二四巻を石川が、第二〇・二一巻を丹が、第一七・一八巻を小泉がそれぞれ担当した。

一、巻末に全巻収録一覧を掲げた。次回以降は予定であり、本集成の充実を図るため、収録書の微細な変更もありうる。

最後に、本集成刊行にご理解・ご協力頂きました個人ならびに各機関に、この場をお借りして厚く御礼申し上げます。

宝暦新刻

大船用文三韓蔵

清

大《たい》船《せん》の圖《づ》

朝《てう》鮮《せん》國《こく》信《しん》使《し》解《かい》

らんの
纜
ともづなを
圖

朝《てう》鮮《せん》人《じん》乃詞《ことば》

若衆《わかしゆ》を　童子文《えんつう》かさいわんと云

よたわ衆を　好童子《ろうえんつう》と云

わしきを　不好童子《かうえんつう》と云

みめくきを　醜童子《ちうえんつう》と云

女《おんな》を　女《さい》人《じん》と云

よき女を　好女人《ろうわいじん》文好新婦《ろうえんふう》と云

みめくきを　醜《し》ふいじんと云

むすめを　女《ふい》子《つい》と云

よきむすめを　好女子《ろうふいつう》と云

和尚《をせう》を　和《や》尚《しやん》と云

長老を　長老《ちんらう》と云

弟子《でし》を　弟《てい》子《つう》と云

老《らう》僧《そう》を　老《らう》僧《すうん》と云

小《こ》僧《ぞう》を　小僧《ちえんすまん》と云

朝《てう》鮮《せん》人《じん》行《ぎやう》列《れつ》之《の》図《づ》

香炉《かうろ》を　香炉《ひやんろ》と云
火燵《こたつ》を　地炉《ちろ》と云
火《こい》箸《くち》を　風炉《えろ》と云
ちやわんを　茶碗《さわうん》と云
茶瓶《ちやびん》を　茶瓶《さびん》と云
枕《さえ》を　食《しい》箸《きき》と云
膳《ぜん》を　単《えん》と云
飯《ろえ》蓋《ざい》を　卓子《さつう》と云
飯《め》つぎを　行《らん》箪《くえん》と云
箸《う》を　箸子《ちよし》と云
机《つくゑ》を　几子《きいつう》と云
筆《ふで》を　実筆一枝《せんそくし》と云
すゞりを　石硯一面《しゑん》と云
墨《すみ》のよきを　珍墨《ちんや》と云
はおりきを　臭墨《ちうか》と云

ちやわんを　盃碗《まんわん》と云
紙《かみ》を　紙と云
よき家を　上宅と云
下々のものを　下人と云
尼《あま》を　尼僧と云
女の客《きやく》を　女人客と云
よき客を　上人客と云
乞食《こつじき》を　乞食と云
年よりたる女を　老母又老婦と云
身体高きを　貴と云
は下賤《やすき》を　賤と云
寺を出るを　参下と云
小判金子を　中令一枚と云
金子下品を　小令一斤と云
銀を　銀子下錠と云
日本を　一錠と云

唐《から》の国をば　唐山一国《えんさんくりやん》といふ

日本国をば　日本一国《じにぽんこくりやん》といふ

銀子十枚を　銀子十枚《えつうしちん》といふ

頭巾《づきん》を　頭巾《てうきん》といふ

帽子《まうす》を　帽子《まうづう》といふ

ふとんを　蒲団《ぶとん》といふ

手ぬぐひを　拭手巾《しちうきん》といふ

襦袢《じよばん》を　汗衫《かんさん》といふ

夜着《よぎ》を　布被《ふうひい》といふ

ふすまを　紙衾《つうきん》といふ

風呂敷《ふろしき》を　袱子《ふつづ》といふ

ほつすを　拂子《ふつづ》といふ

拄じやうを　拄杖《ちうちやん》といふ

焼香《きやうかう》するを　焼香《せうひやん》といふ

念すむを　頌神《いしん》といふ

かしらを　降雲《いちい》といふ
めかうを　太跪《こらん》といふ
兎子と名を　素照《ぶんなん》といふ
時きそぶちを　後長《さんちやん》といふ
富隠《ちうちん》とを　閣察《あんぎやう》といふ
飯まいるを　喫飯《きつちうん》といふ
菓子いるを　喫菜《きつさ》といふ
となや帰るを　向帰《みいきい》といふ
財《かくせき》はゆくを　径切《きんひん》といふ
君若《へらうみ》を　苦辛《くうしん》といふ
菓卵《ふくひれさ》を　労《らうてきん》といふ
おほきを　多《とそきん》といふ
すくなきを　少《せうてきん》といふ
なかきを　不降《おちんく》といふ
きらいなを　清浄好《ちんくくう》といふ

らうそくを　蝋燭《らふちゆ》と云
ちやうちんを　挑燈と云
てだらいを　盥盆と云
ほうらいを　浴盆と云
わらうぢを　草鞋《つあわい》と云
竹のかはざうりを　竹鞋《ちよわい》と云
せきだを　草履《かおり》と云
ぼくりを　木履《ざさい》と云
くわしを　菓子《こつ》と云
さけを　酒《ちう》と云
餅《もち》を　白糕《へえつう》又餅《ぴん》と云
煙草《こて》を　烟草《えんつう》と云
薬もこいを　薬箱《つおあらん》と云
学文するを　読書《とそ》と云
念珠《じゆず》を　珠数《まうそど》と云

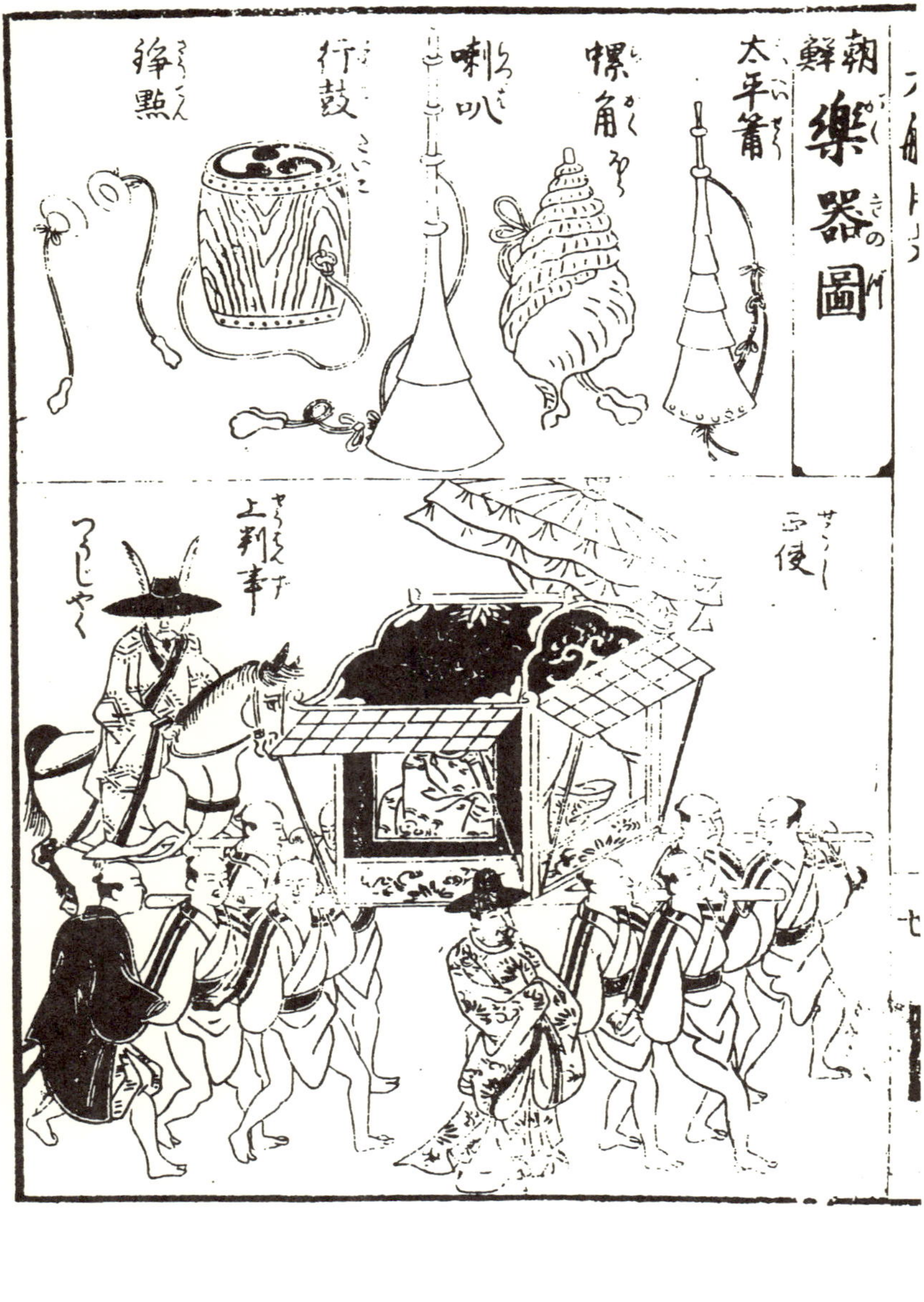
朝鮮樂器圖
太平簫
螺角
喇叭
行鼓
錚點
正使《せいし》
上判事
つうじやく
七

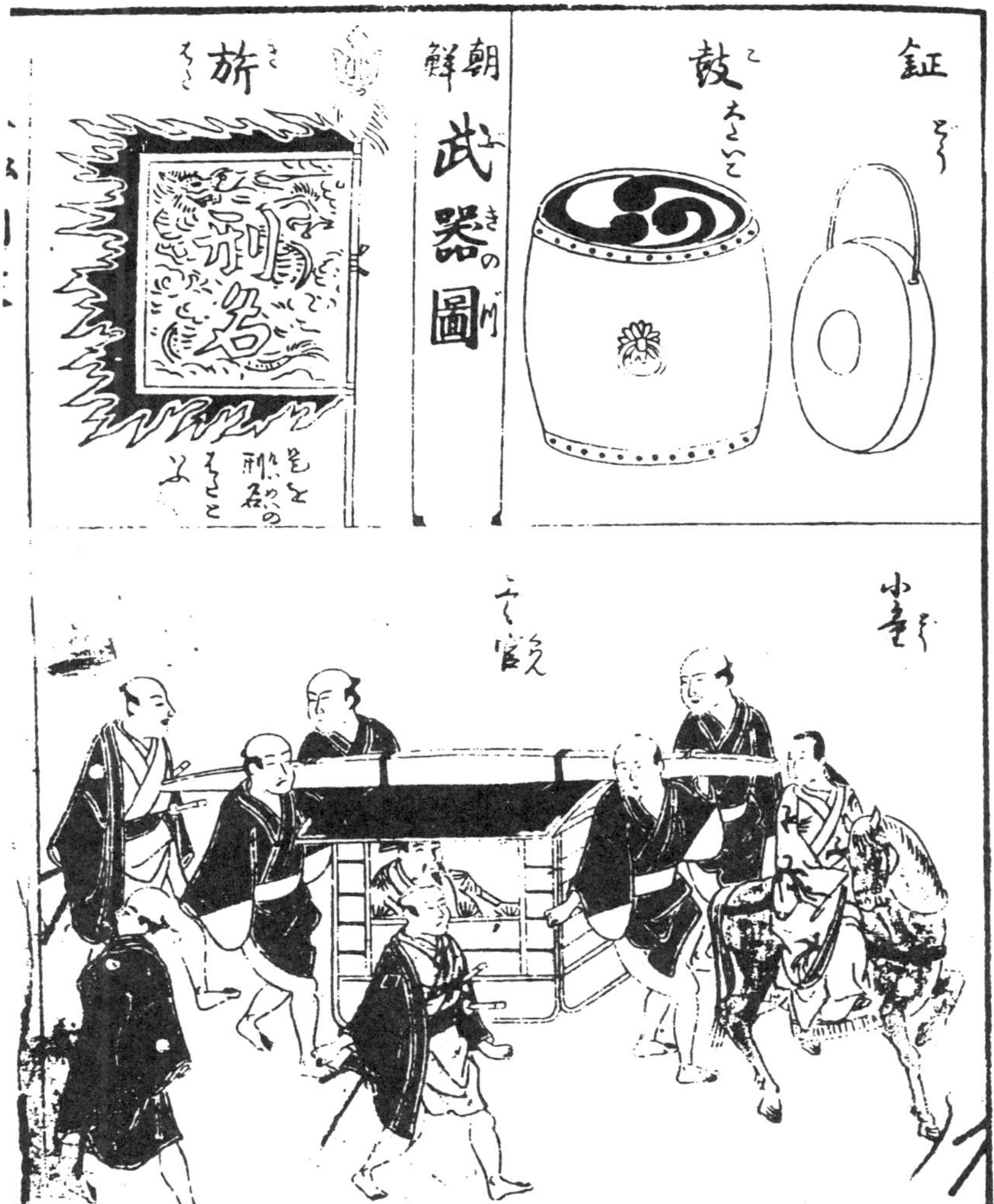

朝鮮
武器の圖
旂
鼓
たいこ
鉦
どら

清道
清道
巡視
清道旂
纛
偃月刀
三枝槍
巡視
副使

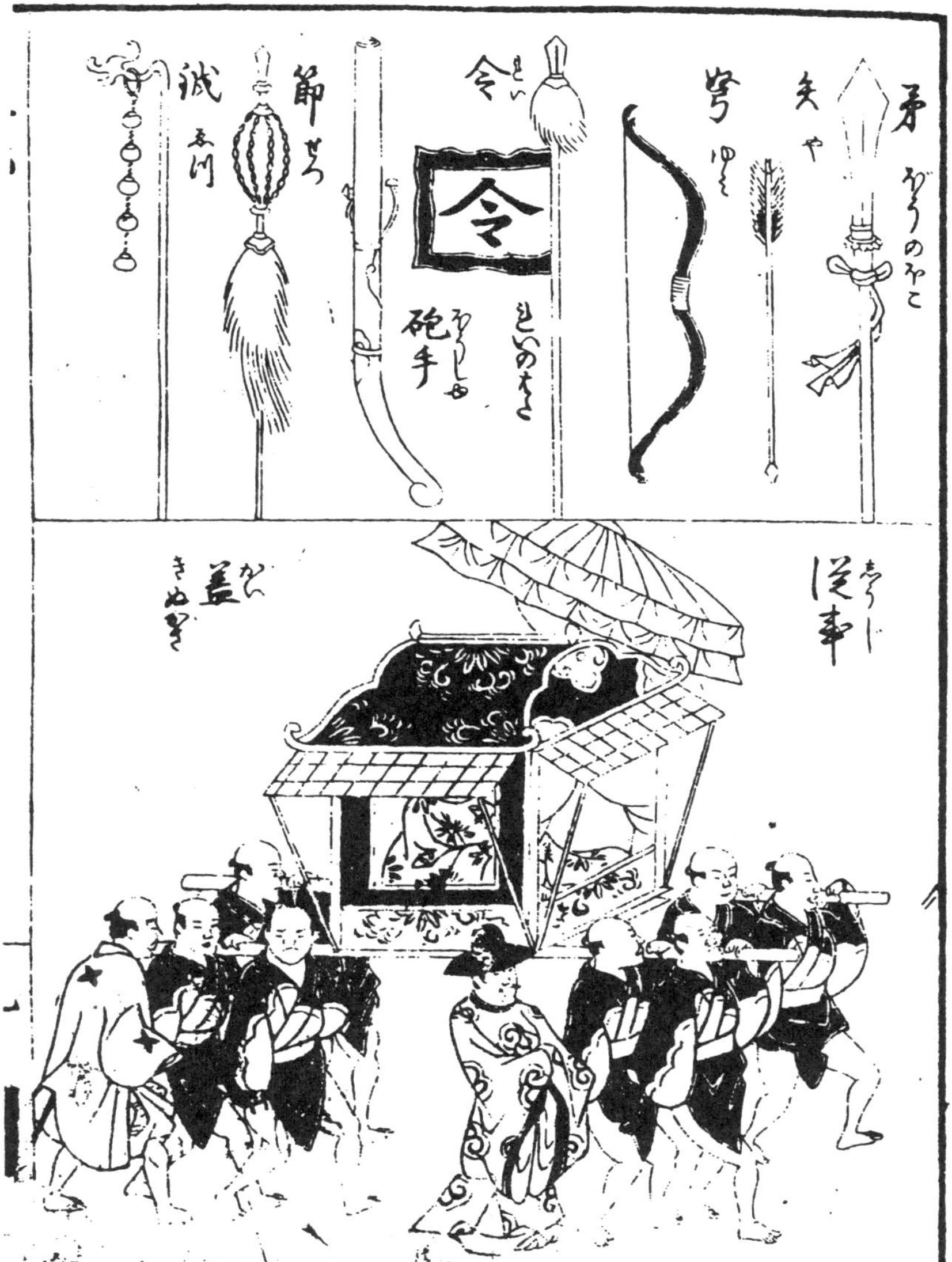

矛 ぼうのほこ
矢 や
弓 ゆみ
令 れい
令
れいのはた
砲手 ほうしゅ
節 せつ
鉞
従事
蓋 かい
きぬがさ

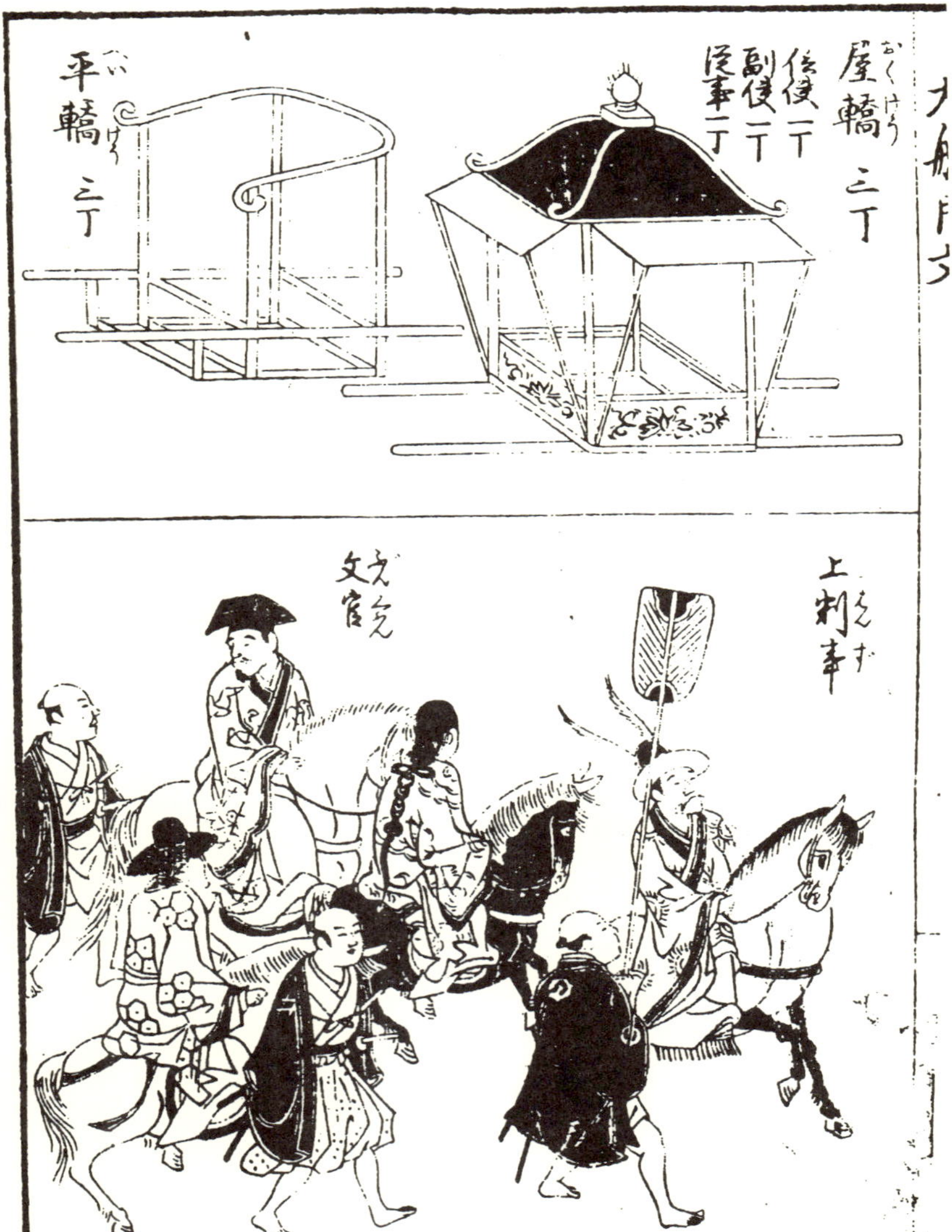
屋轎《おくけう》 三丁
信使一丁
副使一丁
従事一丁
平轎《へいけう》 三丁
上判事
文官

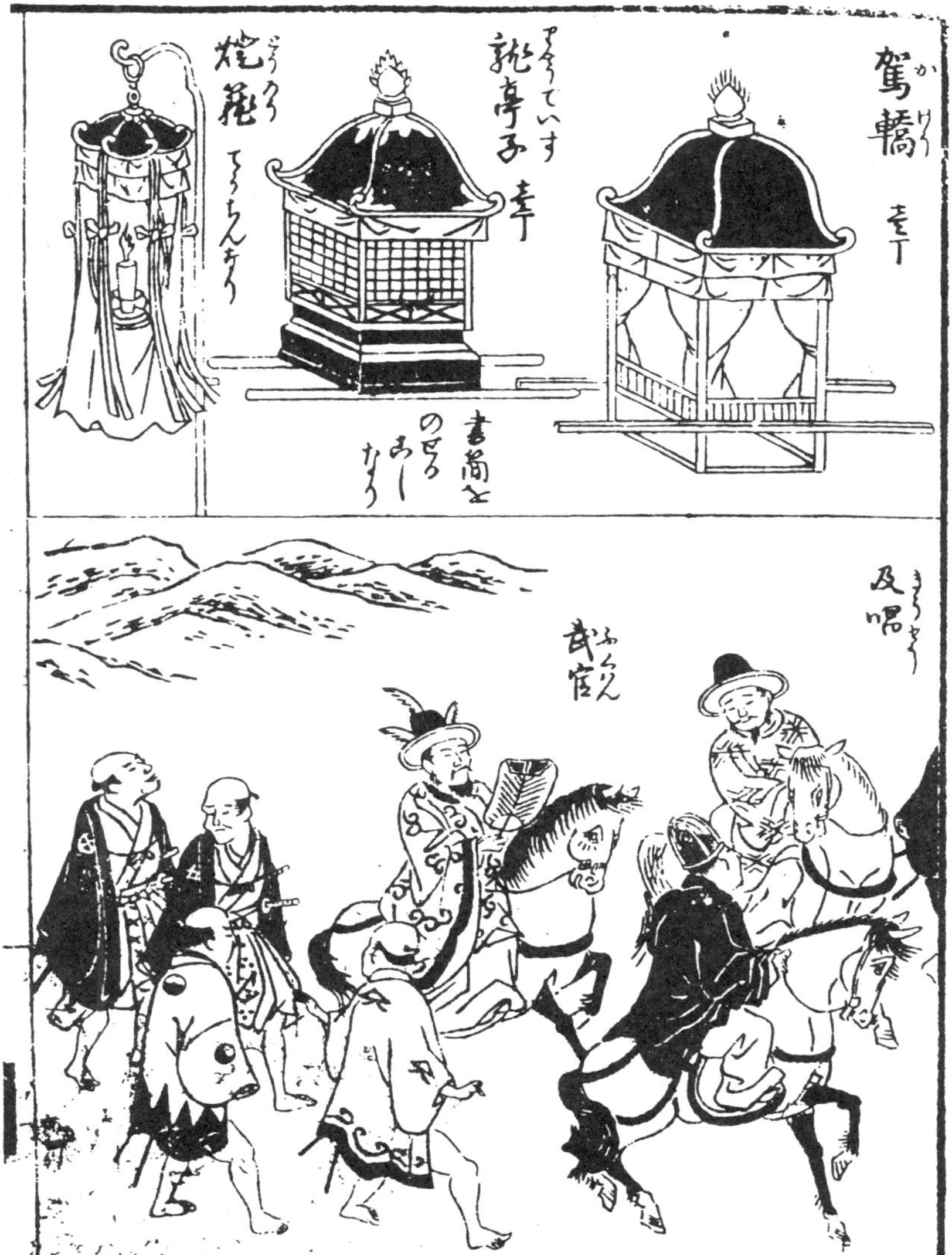
駕轎《かけう》 壱丁
龍亭子《りうていす》 壱
燈籠《とうろう》 てうちん成り
書簡をのせるものなり
及唱《きうしやう》
武官《ぶくわん》

朝《てう》鮮《せん》之《の》假《か》名《な》

이《い》	로《ろ》	하《は》	니《に》	호《ほ》	헤《へ》	도《と》
지《ち》	리《り》	누《ぬ》	루《る》	워《を》	와《わ》	가《か》
요《よ》	다《た》	레《れ》	소《そ》	쓰《つ》	네《ね》	나《な》
라《ら》	무《む》	우《う》	가《が》	노《の》	오《お》	구《く》
야《や》	마《ま》	게《け》	요《よ》	고《こ》	니《に》	데《て》
아《あ》	사《さ》	기《き》	유《ゆ》	메《め》	미《み》	시《し》
에《ゑ》	히《ひ》	모《も》	세《せ》	스《す》		

同《かうくゑう》教字《じ》

一《て》二《つ》三《え》四《す》五《こ》六《ろ》七《ち》

八《て》九《きう》十《し》百《へい》千《ちえ》万《えん》億《い》

一寸《すえ》一丈《たし》一丈《ちえ》一尋《しん》

一石《くそう》一斗《た》一升《ちえ》一合《いふ》

唐《とう》以呂《ろ》波《は》

上《ぞう》大《さい》人《じん》丘《きう》乙《いつ》己《し》化《くゑ》三《さん》千《ぜん》

七《しち》十《じう》士《し》尓《ぢ》小《せう》生《せい》八《はち》九《く》子《し》

佳《か》作《さ》仁《じん》可《か》知《ち》礼《れい》也《や》

これハ唐土ニて童子《どうじ》に文字をさとさしむる語《ご》となすハしむるや

朝《てう》鮮《せん》両《りやう》京《けい》八《はち》道《だう》

京《けい》畿《き》道《だう》 国のまん中や

慶《けい》尚《しやう》道 東南にかぎり 昔の辰韓の地

江《こう》原《げん》道 正東《ま》にあり 穢貊の地

咸《かん》鏡《きやう》道 東北にあり 高麗の地

忠《ちう》清《せい》道《だう》 西南にありむかしの馬韓乃地なり

全《ぜん》羅《ら》道 東南《ま》にあり 卞韓乃地

黄《くわう》海《かい》道 正西《ま》にあり むかしの朝鮮

平《へい》安《あん》道 西北にあり 昔の額 樺なり

此《この》外《ほか》に王《わう》京《けい》あり所かはり故に両京八道といへるなり むかし三《さん》韓《かん》といひしハ馬《ば》韓《かん》辰《しん》韓《かん》卞《べん》韓《かん》の三国《こく》なりしが今は朝《てう》鮮《せん》一統《とう》して八道となりけるや 此国ハ北ハ女直国《ぢよちよく》の地《ち》につゞき西北ハ鴨緑江《かうりよく》東南ハ海《うみ》なり

朝鮮名所《てうせんのめいしよ》

京畿《けいき》　国のまん中都城の地《ち》なり
金剛山《こんがうさん》　大山なり寺院多くあり
長白山《ちやうはくさん》　てうせんと女直《ぢよちよく》の境山《さかいやま》なり
国境に有る也長白山より出る此山より
出て東へながるゝ川を鴨緑江と云此川は女直
と西へ流れて混同江と名付く
鴨緑江《あふりよくかう》　大河《たいが》なり二里ほど女直の境川《さかいかは》
なり平安府にあり
遼東《れうとう》　平安府《へいあんふ》より五十里と朝鮮《てうせん》の
境《さかい》なり
箕子祠《きしのやしろ》　大同江《たいどうかう》にあり箕子《きし》は殷《いん》の紂王《ちうわう》の
庶兄《しよけい》なり賢人なる故周武王《そのぶわう》の時に朝
鮮に封《ほう》じて国の始祖《しそ》と洪ゆへ後代まで
祭享《さいきやう》してその祭祀《まつり》を入る

同土産名物《おなじくとさんめいぶつ》

人参《にんじん》
狼尾筆《らうびひつ》　小筆なり今も日本へ来る毎に渡るなり
白硾紙《はくついし》　大厚紙《こうし》なり
陶器類《やきものるい》　壺《つぼ》花瓶《くわびん》徳利《とくり》そのほか
皿鉢《さらはち》の類いろいろ高麗焼
海東青《かいとうせい》　鷹《たか》の名なり中々とりかたく希
よくとるとなり
牛魚《ぎうぎよ》　長サ丈ばかりの魚なり女直より出る
海豹皮《かいへうひ》　海にすむ豹《へう》の皮《かは》なり
右の外薬種《やくしゆ》小間物《こまもの》類朝鮮より渡る
多し書物《しよもつ》は紙厚く板行《はんかう》よく
和板《わはん》に及ばず

朝鮮人《てうせんじん》朝貢《てうこう》の従勝の事

朝鮮人来朝の始ハ朝鮮人皇第十代崇神《すじん》天皇の御宇《ぎよう》。任那国《みまなのくに》より使《つかひ》して日本に朝貢《てうこう》す。天皇叡感をおさめ給ひて。使者に赤絹《あかきぬ》百疋《ひき》を下賜《くだしたまひ》て。本国に帰らしめ給ふ。此国ハ三韓《さんかん》の西南にあたるによりて。三韓《さんかん》人貢を奉《まつ》る。其十一代の垂仁《すいにん》天皇の御宇に。新羅《しんら》王の子天の日槍《ひぼこ》といふものを来朝せしめ。羽太玉《はふとのたま》。足高玉《あしたかのたま》。鵜鹿鹿《うかか》赤石玉《あかしのたま》。出石小刀《いづしのこがたな》。出石桙《いづしのほこ》。日鏡《ひのかゞみ》。熊神籬《くまのひもろぎ》。これ七種《なゝくさ》の物を献ず。これ相違せ給ふや。応神天皇の御時。百済《くだら》より阿直岐《あとぎ》といふもの。経書を貢す。菟道《うぢ》の王子これに従ひて文《ふみ》を学《まな》び給ふ。王仁《わに》も此時来りて来朝す。又其後異国を献ず百済の国の君といふ人これを継《つぎ》て仁徳天皇の百舌野《もずの》に備《かり》しめ給ふ。かの国多く雉子《きじ》を獲《え》こり。これ鷹狩《たかがり》の始なり。○其後朝貢《てうこう》おこたりて礼《ふらい》の事なかりけれバ軍使《ぐんし》を発して征《せい》しめ給ふ。代々にかかりけるが神功皇后の時代武内宿禰《たけうちのすくね》といふ人大軍《ぐん》を率《ひき》して征戦《せいせん》ありけれバ百済恐《おそ》れて服《ふく》しまつりしとや。其後代々相貢して此国仁徳武威《じんとくぶゐ》に帰服《きふく》しまつります。挙世《よこぞつて》書也。朝鮮を昔ハ三韓《さんかん》といひ。又ハ高麗《こま》。百済《くだら》。新羅《しらぎ》ともいふ。又鶏林《けいりん》ともいふ朝鮮の事なりや

朝鮮八道總圖

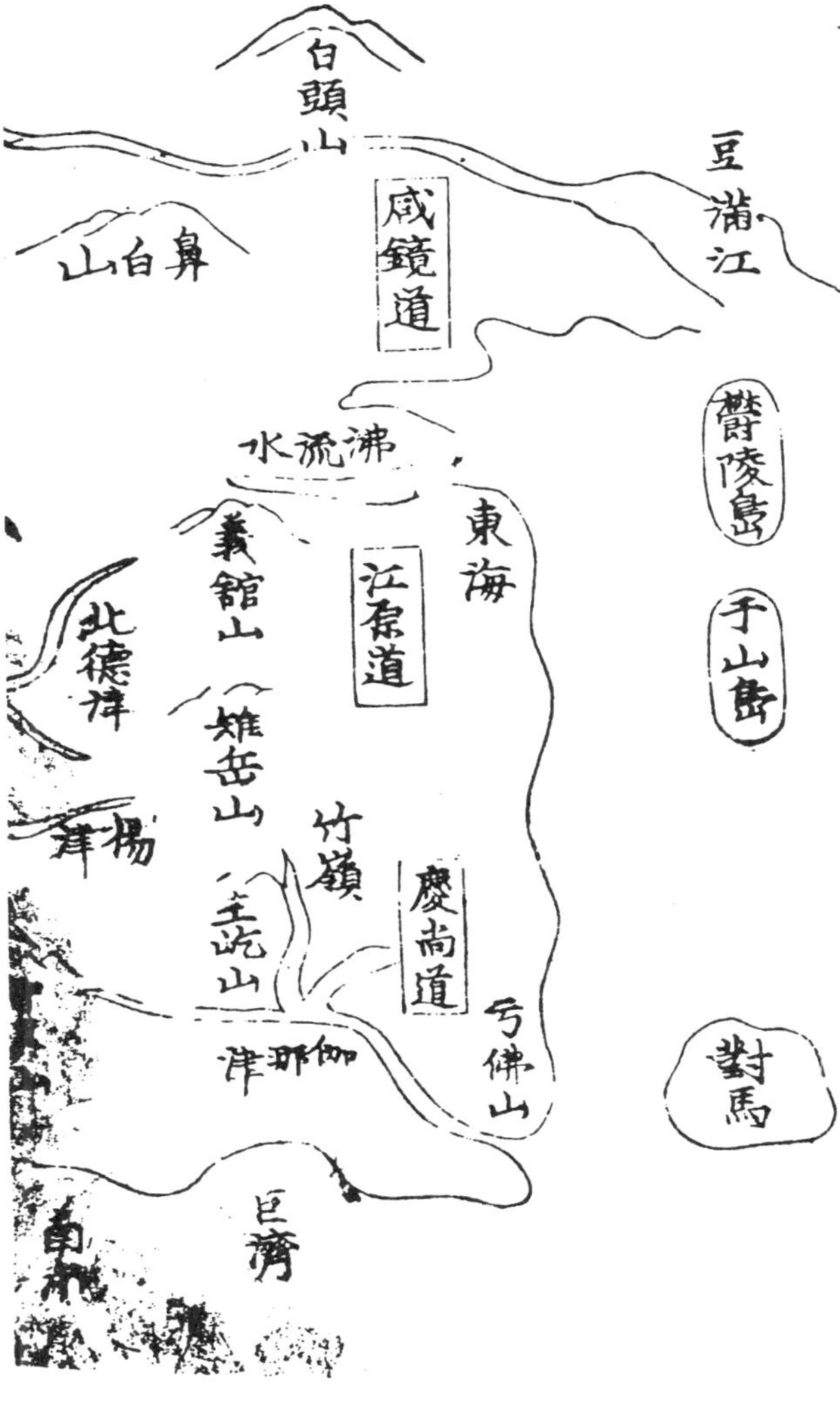

星文堂藏版

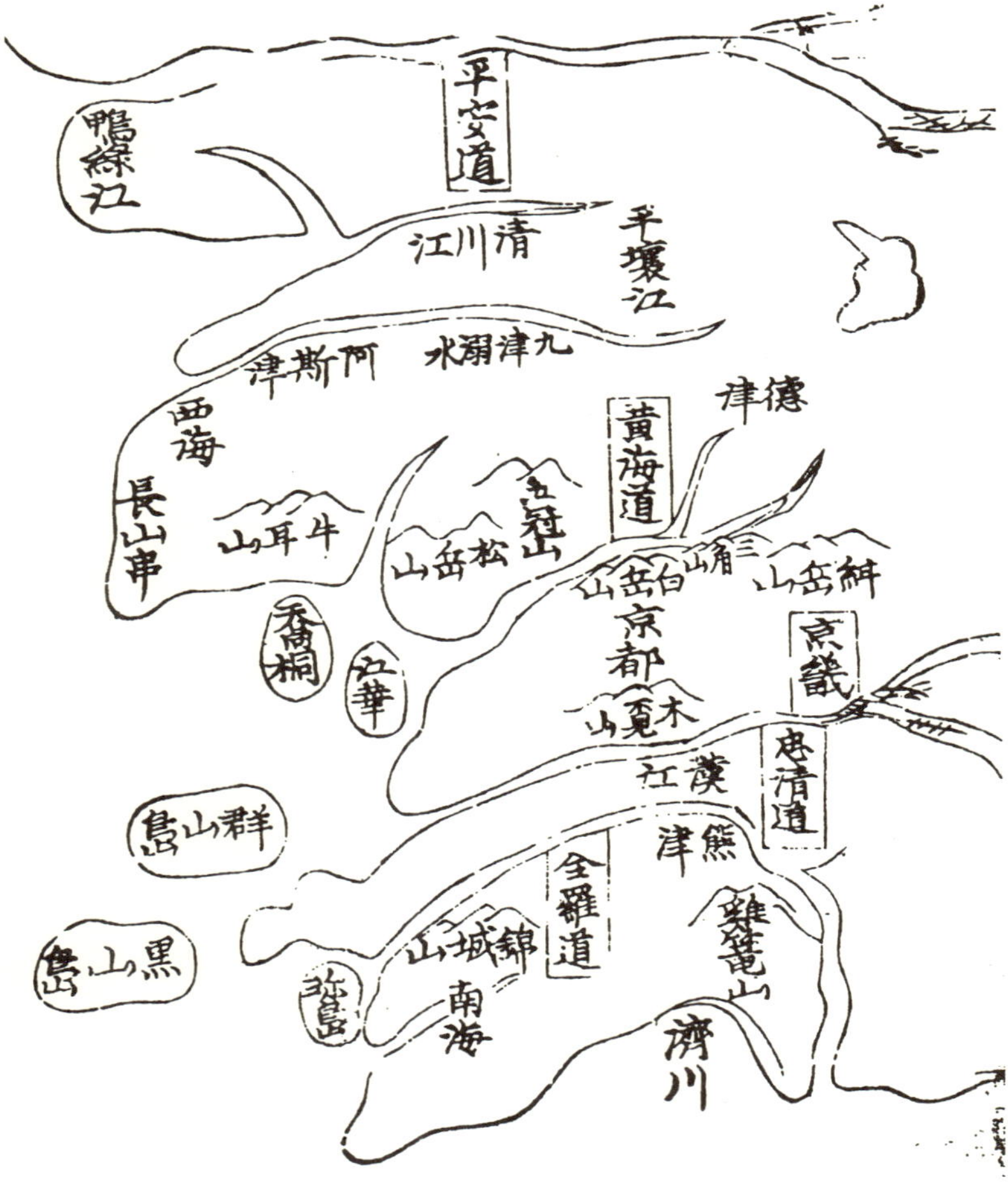
平安道
鴨綠江
清川江
平壤江
九津溺水
阿斯津
西海
長山串
牛耳山
松岳山
五冠山
黃海道
德津
白岳山
三角山
紺岳山
京都
木覓山
京畿
喬桐
江華
漢江
忠清道
群山島
熊津
全羅道
錦城山
鷄龍山
黑山島
珍島
南海
濟川

器物手附様《きぶつてつけしやう》

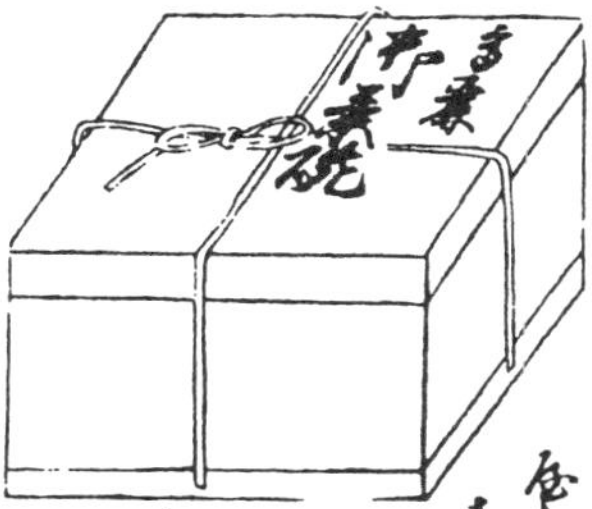

台なきものもさんぼうのもの中へ足有《あし》きおしき板に盛《もり》てまいらすべし
御菓子之かく紐《ひも》細く
まん中より左へよせて結べし
細かけぬ名ハまん中に結なり

進物の手附かくのごとし　お菓子をすへるものへ進上とかくぬなり
足も見なきハ板として来る

朝鮮人来朝《てうせんじんらいてう》当地《たうち》
付而賑々敷《にぎはしく》行列《ぎやうれつ》
御見物候而通筋《とをりすぢ》内
縁《えん》へ家《い》に招候

月　日

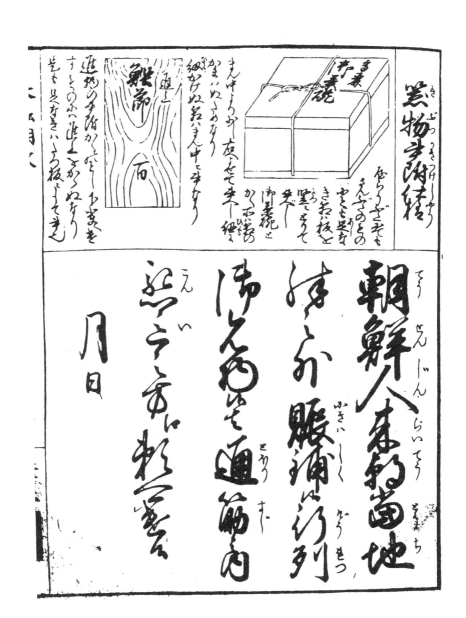

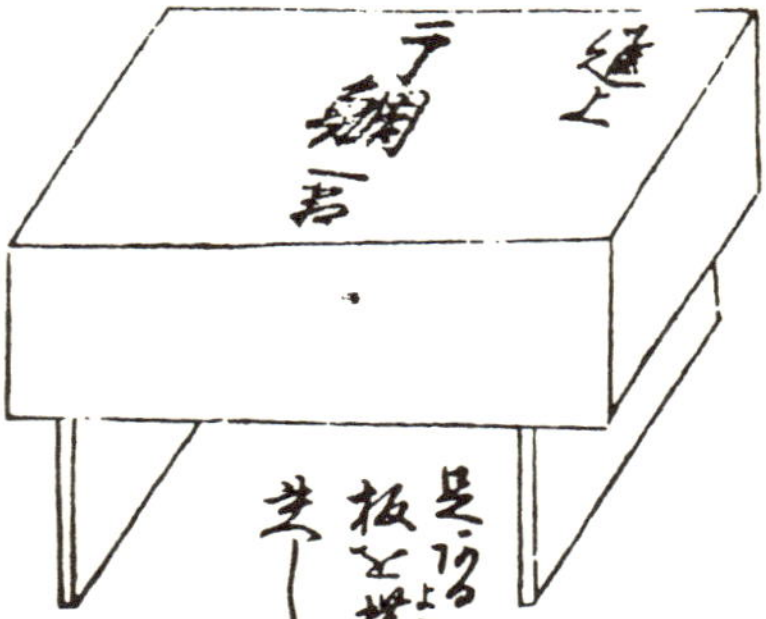

進上
干鯛一折

足つき台ハ板を横ニ孔来し

進上
糟鶉雀 手

足付ハ[illegible]をつめを宝[illegible]して出し

曲物《まげもの》ニ足つけしの附たる一つを宝[illegible]て出来しものなり 是ハ板なり [illegible]

遠方《ゑんほう》旅客《ゆく》[illegible]出仕《しゆちん》

諸《さん》人参会《ゑん》、朝鮮《てうせん》進士《ちんし》

衣冠《いくわん》を正し、往来《わうらい》行《ぎやう》列《まつ》

[illegible]《かき》[illegible]《け》[illegible]《ときまつる》[illegible]

[illegible]ハ 武官の笠なり

文官の冠

八卦冠
三侯の[illegible]

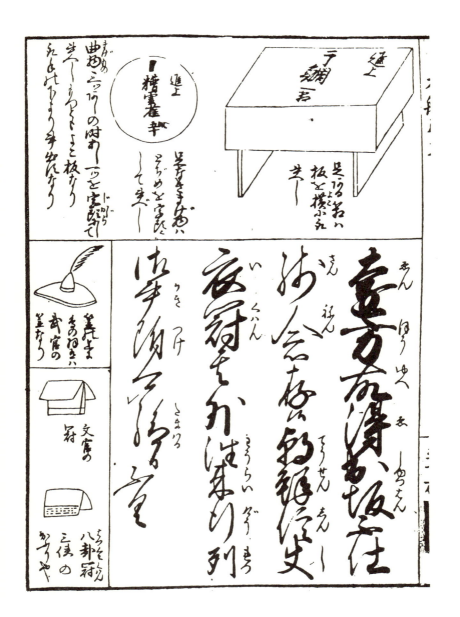

朝《てう》鮮《せんの》書《ちよ》筆《ひつ》墨《ぼく》蹟《せき》

一幅《ふく》

官《くわん》詩《し》文《ぶん》章《せう》一篇《へん》

朝鮮人
東来《とらい》
能書《のうしよ》

雪月堂《せつげつどう》
李東郭《りとうくわく》
石泉子《せきせんし》
李雪峯《りせつほう》
花菴《くわあん》
貞谷《ていこく》

十八公栄《そうのさかへ》霜後露《さうごにあらはる》
一千年色雪中深《ふかし》
常磐《ときは》なる松のみどりも
春くれば今ひとしほの
いろまさりけり

今日不知《こんにちしらず》誰計会《たれかけいくわい》
春風《しゆんぷう》春水《すい》一時来《じきたる》
谷の氷ふとくるかかれ
ひまはまてよ井川の波や
春風の袖をぬれ
青陽《せいやう》吉旦《きつたん》

片假名以呂波《かたかないろは》

イロハニホヘト　チリヌルヲワカ
ヨタレソツ子ナ　ラムウ井ノオク
ヤマケフコエテ　アサキユメミシ
ヱヒモセス　ヿ《こと》乇《とも》寸《とき》メ《して》ン《ん》

守身如城《まもりみをしろのごとくせん》
子ハ千金《せんきん》の宝よりも一字の文字《もじ》を学ぶ事《こと》肝要《かんよう》
年せいしまでは大切に不動《ふどう》成長八幡

十干《じつかん》の図《づ》

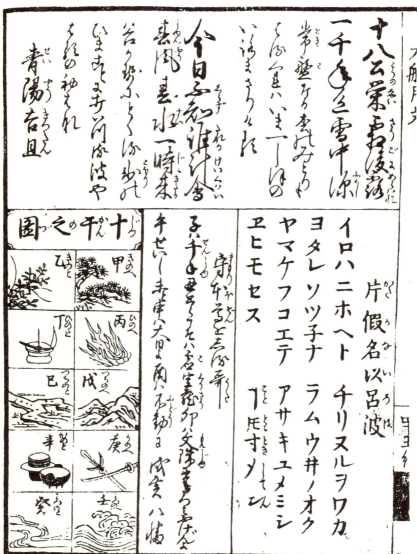

十二支之図

作者 画工 小尾雪坑斎

宝暦十三年未三月吉旦

高麗橋壱丁目 敦屋弥蔵

心斎橋 河内屋八三郎

順慶町壱丁目 田原屋平兵衛

大坂書林

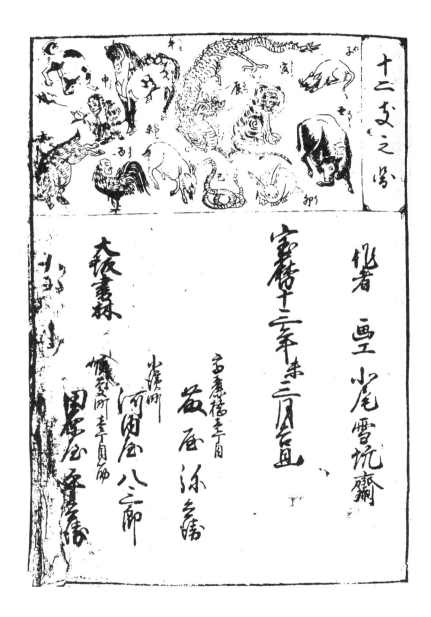

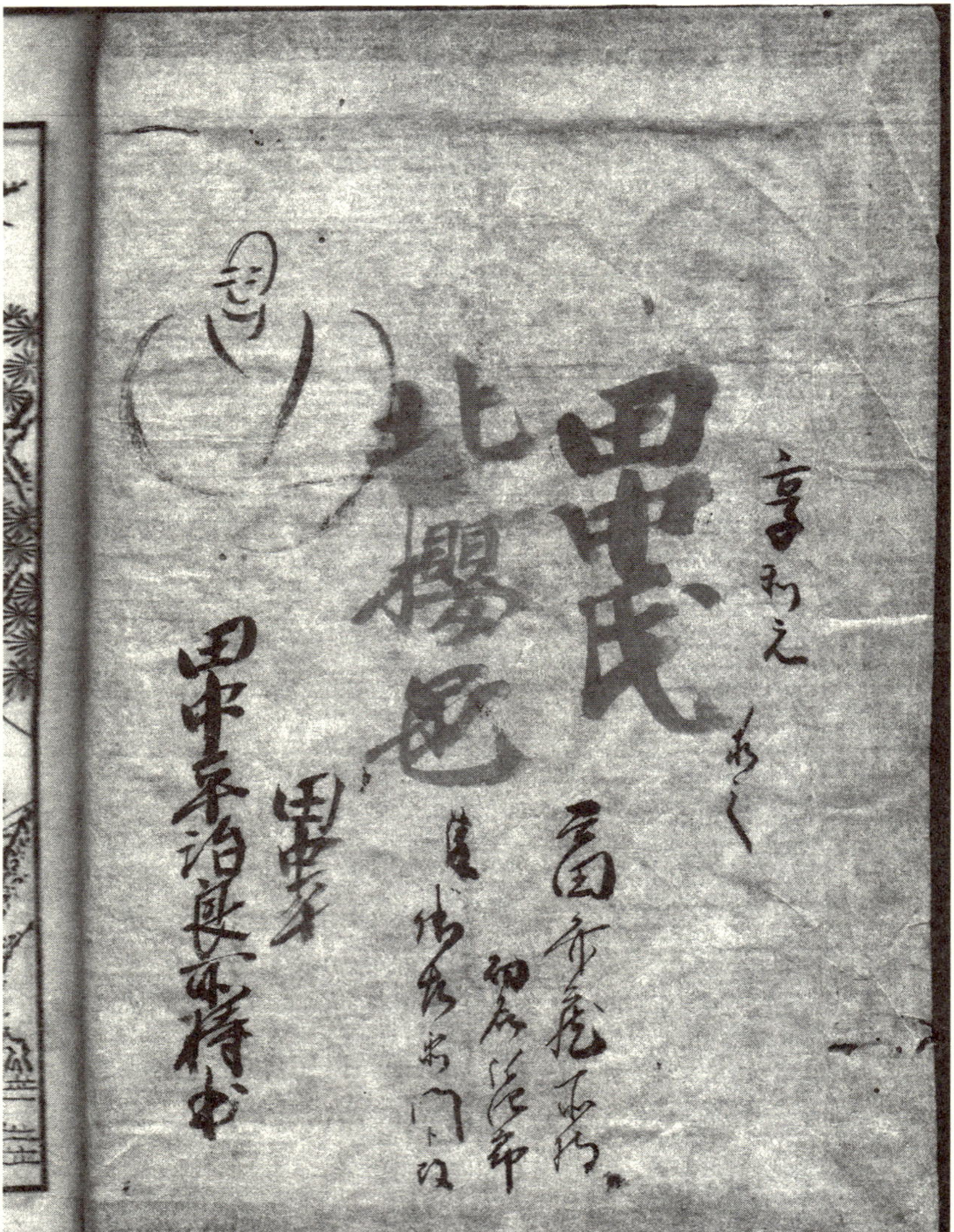

朝鮮人街道の起点（中山道との分岐）と北桜村

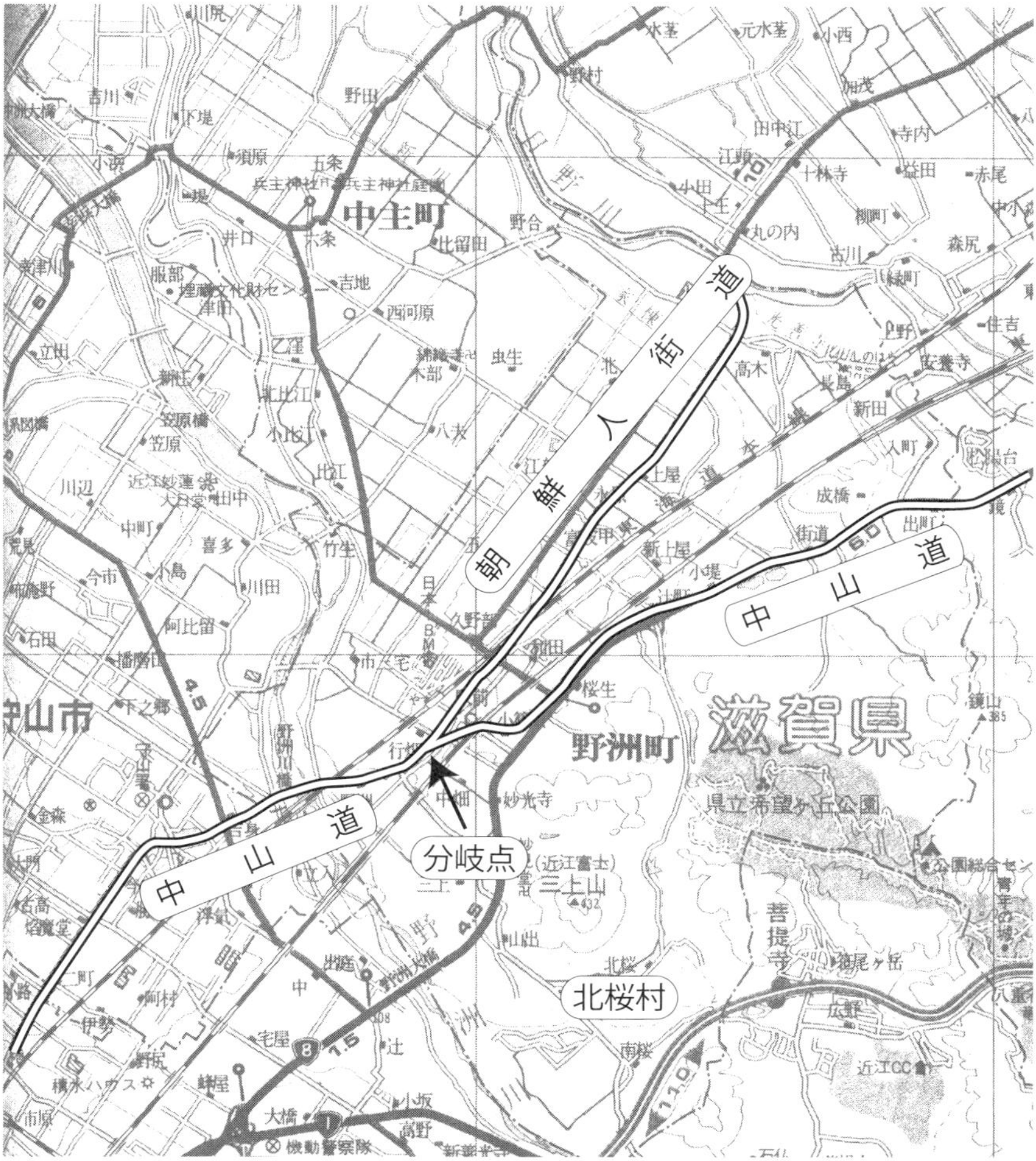

〈著者紹介〉

北村　欽哉（きたむら　きんや）

〈略歴〉

昭和 15 年（1940）静岡市清水区生まれ
昭和 39 年（1964）東京教育大学文学部史学科卒
平成 13 年（2001）県立高校定年退職
現静岡県朝鮮通信使研究会事務局長

〈著書〉

『静岡・コリア交流の歴史』（共著）

〈現住所〉

〒 424-0949
静岡市清水区本町 9 番 16 号

〈朝鮮通信使研究ノート第1号〉

寺子屋で学んだ朝鮮通信使

――『大船用文三韓蔵』――

平成二十九年十一月二十日発行
定価　本体一二〇〇円＋税

著　者　北村欽哉
発行人　松原正明
発　行　羽衣出版
〒422-8034
静岡市駿河区高松3233
TEL　054-238-2061
FAX　054-237-9380

ISBN978-4-907118-34-1 C0021 ¥1200E

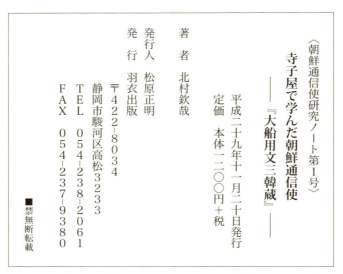